उत्तर प्रदेश का स्वतंत्रता संग्राम

मऊ

संरक्षण

योगी आदित्यनाथ

माननीय मुख्यमंत्री, उत्तर प्रदेश

मार्गदर्शन

श्री जयवीर सिंह

माननीय मंत्री, संस्कृति एवं पर्यटन विभाग, उत्तर प्रदेश

निर्देशन

श्री मुकेश कुमार मेश्राम

प्रमुख सचिव, संस्कृति एवं पर्यटन विभाग, उत्तर प्रदेश
अध्यक्ष-संस्थान

श्री शिशिर

निदेशक, संस्कृति निदेशालय, उत्तर प्रदेश
उपाध्यक्ष-संस्थान

उत्तर प्रदेश का स्वतंत्रता संग्राम

मऊ

सौरभ सिंह

कार्यकारी संपादक
डॉ. लवकुश द्विवेदी

लेखश्री पब्लिकेशन

उत्तर प्रदेश राज्य पुरातत्व विभाग, लखनऊ

इस पुस्तक में प्रकाशित तथ्य एवं छायाचित्र लेखक/संपादक/तथ्य संकलनकर्ता द्वारा उपलब्ध कराये गये हैं। यदि किसी स्तर पर कोई तथ्यात्मक अशुद्धि संज्ञान में आती है तो उसे आगामी संस्करण में शुद्ध कर मुद्रित किया जायेगा।

लेखश्री पब्लिकेशन

दयानन्द मार्ग, दरियागंज, नयी दिल्ली-110002

मो.- 8588048658

ईमेल : daminimaheshwari017@gmail.com

In Association with

उत्तर प्रदेश राज्य पुरातत्व विभाग, लखनऊ

Uttar Pradesh Rajya Puratatva Vibhag, Lucknow

presents

Uttar Pradesh Ka Swatantrata Sangram : Mau

by Saurabh Singh

Executive Editor : Dr. Lavkush Dwivedi

ISBN : 978-81-905386-5-7

History

प्रथम संस्करण 2023

मूल्य : ₹ 395

आर. टेक ऑफ़सेट प्रिंटर्स, दिल्ली-110 032 में मुद्रित

अनुक्रम

भौगोलिक, एतिहासिक एवं प्राकृतिक स्थिति

जनपद का इतिहास

मऊ पूर्व में आजमगढ़ जिले का क्षेत्र हुआ करता था लेकिन 19 नवम्बर 1988 को मऊ ज़िला अपने सांस्कृतिक, साहित्यिक, पौराणिक, सामाजिक व राजनीतिक स्वर्णिम गाथाओं को समेटे हुए एक नये ज़िले के रूप में उदित हुआ।

मऊ शहर लखनऊ के दक्षिण-पूर्व से 282 किलोमीटर, वाराणसी से 90 किलोमीटर और आजमगढ़ के पूर्व से 56 किलोमीटर की दूरी पर स्थित है। यह शहर तमसा नदी (टोंस नदी) के किनारे बसा है। तमसा नदी शहर के उत्तर से निकलती है। यह शहर अपने साड़ी उद्योग के लिए जाना जाता है जो इस शहर के लोगों का एक पारम्परिक व्यवसाय और सदियों पुरानी कला है। ऐतिहासिक और पुरातात्विक दृष्टि से मऊ इस क्षेत्र के सबसे पुराने स्थानों में से एक है। क्षेत्र में कई स्थानों पर प्राचीन सांस्कृतिक और पुरातात्विक अवशेष पाए गये हैं जो क्षेत्र में मानव निवास के लम्बे इतिहास के पर्याप्त प्रमाण देते हैं। मऊ का ज्ञात पुरातात्विक इतिहास लगभग 1500 वर्ष पुराना है, जब पूरा क्षेत्र घने घने जंगल से आच्छादित था। नट जो तमसा नदी के किनारे रहते थे, उन्हें सबसे पुराना निवासी और क्षेत्र का शासक माना जाता है।

तमसा तट (हिंदू धर्म के सबसे समृद्ध इतिहास वाले नदी) के तट पर ईश्वरीय आशीर्वाद को महसूस किया जा सकता है। भगवान राम वनगमन के समय प्रथम दिन इसी तट पर रहे जो रामचरितमानस में भी लिखा गया है।

"बालक बृद्ध बिहाइ गृहँ लगे लोग सब साथ।
तमसा तीर निवासु किय प्रथम दिवस रघुनाथ"

यही अरण्य वन क्षेत्र महर्षि बाल्मीकी का तपोस्थली भी रहा। यही माँ सीता अपने पुत्रत्रों लव कुश के साथ रही। मनुष्य ने पहली कविता कब लिखी, यह बता पाना बहुत कठिन है। परन्तु, संस्कृत के आदि कवि वाल्मीकि के बारे में कहा जाता है कि प्रथम काव्याभियक्ति उन्हीं के स्वर से हुई है। इसी नदी तट पर ही क्रौंच के जोड़े में व्याध द्वारा एक को मारे जाने के बाद उस करुण क्रंदन ने ऋषि बाल्मीकी द्वारा एक अलग शैली (काव्य) में लिखने की शुरुआत हुई।

मऊ के कुछ स्थानों का सम्बन्ध भगवन राम व् उनके पूर्वजो से भी किया जाता है। लोकमान्यता के अनुसार श्रवण कुमार का वध, वाल्मीकि आश्रम, रामायण की रचना, राम लक्ष्मण का जनकपुरी गमन, राम परशुराम का मिलन, सम्पति का निवास, लव कुश का जन्म, सीता समाहित स्थल आदि का सम्बन्ध जनपद के विभिन्न स्थानों से रहा है। भैरोनाथ, सूरजपुर, देवलास, नदवा सराय, चनौका में अयोध्या का फाटक होना भी बताया जाता है। श्री राम प्रकाश निर्मोही के अनुसार 1950 के दशक में पंडित श्याम नारायण पांडेय, पत्रकार रामशंकर मिश्रा तथा बलिया के लश्मी शंकर द्विवेदी ने एक अभियान चलकर अयोध्या की उपस्थिति आजमगढ़-मऊ तथा बलिया के क्षेत्र में सिद्ध करने का प्रयास किया। उक्त क्षेत्र में अयोध्या की संभावना पर आगे प्रकाश डाला जायेगा।

जनपद से संबंधित रामायण के कथानकों में वाल्मीकि आश्रम का वनदेवी, के पास स्थित होना है। ऐसी मान्यता है की वाल्मीकि अपने शिष्य भारद्वाज के साथ यही तमसा तट पर घूम रहे थे की निषाद ने प्रणयरत क्रौंच पक्षी के जोड़े में से नर का वध कर दिया। मादा क्रौंच का क्रंदन सुनकर द्रवित वाल्मीकि ने यही रामायण के प्रथम श्लोक की रचना की

वाल्मीकि ने माँ सीता को बनदेवी नाम दिया था। वनदेवी का मंदिर व जमीं से निकली प्रतिमा यहाँ देखी जा सकती है। यह मूर्ति एकाश्म श्यामवणी प्रस्तर की है। चार फिट उचाई वाली इस प्रतिमा के दोनों तरफ एक-एक फिट के लव और कुश बने है। प्रतिमा लक्षणों से यह गुप्तकालीन लगती है यहाँ हर साल लवकुश के जन्मदिन पर बैशाख शुक्ल नवमी को मेला भी लगता है।

स्मरणीय है की भगवान राम लक्ष्मण का विश्वामित्र के साथ जनकपुरी जाने का प्रसंग भी मऊ से जोड़ा जाता है। रामायण के अनुसार विश्वामित्र ने पहली रात सरयू तट पर बितायी थी। वे लोग डेढ़ योजन यानि 18 किलोमीटर चले थे। मान्यता के अनुसार विश्वामित्र ने राम लक्ष्मण को बला-अतिबला नामक गुप्त विद्या का ज्ञान बुढनपुर में बहिरादेव के जंगल में दिया था। बहिरादेव नमक संत 19वीं सदी के मध्य में हुए। विश्वामित्र के साथ राम-लक्ष्मण चौथे दिन सिद्धाश्रम पहुँचे। वे लोग रोज डेढ़ योजन यानि 18 किलोमीटर की दर से चार दिन में 72 किलोमीटर चले। इन संकेतो से पता चलता है की सिद्धाश्रम से प्राचीन अयोध्या 72 किलोमीटर तथा कामाश्रम से 36 किलोमीटर रही वह। उस समय गंगा-सरयू का संगम कामाश्रम के पास था। फैज़ाबाद की वर्तमान अयोध्या गंगा-सरयू संगम से 250 किलोमीटर दूर स्थित है। अतः संकेत मिलता है की रामयुगीन अयोध्या कामाश्रम के निकट अर्थात आजमगढ़-मऊ के क्षेत्र में रही होगी। एक अन्य विवरण के अनुसार जनक का वाहक अयोध्या से जनकपुरी (मिथिला) तीन दिन में पहुँचा था और सेना सहित जनक जनकपुरी से अयोध्या चार दिन में पहुँचे थे। वर्तमान अयोध्या से जनकपुरी 520 किलोमीटर है जबकि मऊ से जनकपुरी 300

किलोमीटर है इससे से भी यह संकेत मिलता है की रामयुगीन अयोध्या मऊ-घोसी में हो सकती है। एक मान्यता यह भी है की वापस लौटते समय राम-परशुराम का मिलन दोहरीघाट पर हुआ था। मान्यता के अनुसार दो हरी रूप मिलन के कारन इस स्थान का नाम दोहरीघाट पड़ा। हालांकि 10वीं सदी के कल्हण अभिलेख में दोहरीघाट को दोहरीपत्तनम कहा गया है। आर्ष रामायण के अनुसार राम-परशुराम का मिलन स्थल अयोध्या के पास था। फैज़ाबाद की वर्तमान अयोध्या से दोहरीघाट 157 किलोमीटर है तथा घोसी से मात्रा 22 किलोमीटर है। इससे भी रामयुगीन अयोध्या के यहाँ होने का संकेत मिलता है। दोहरीघाट के आस पास के स्थानों का विश्लेषण किया गया है। जिसके अनुसार जनकपुर से वापस आते समय जहाँ बारात रुकी वह डेरवा है, जहाँ गाये रुकी वह गायघाट है, जहाँ राम जी ने विश्राम किया वह बसियाराम है जहाँ लक्ष्मण-परशुराम संवाद हुआ वही बेलौली है। राहुल जी ने अपनी पुरातात्विक यात्रा में बेलौली नामक स्थान का वर्णन किया है। जहाँ साढ़े चार फुट गहरवारकालीन चतुर्भुजी विष्णु जी की मूर्ति मिली थी। जिसे भगवान लक्ष्मण कहकर पूजा जाता है। इसका वर्णन राजेश त्रिपाठी ने अपनी पुस्तक में भी विस्तार किया है।

रामायण के कथानकों में वनगमन मार्ग भी एक महत्वपूर्ण भौगोलिक संकेत है। मान्यता है की वनगमन के मार्ग में प्रभु राम-लक्ष्मण सीता को पांच नदिया क्रम से पर करनी पड़ी। इनका क्रम था—तमसा, वेदश्रुति, गोमती, स्यन्दिका, तथा माँ गंगा। इनमे तमसा, गोमती, तथा गंगा के सम्बन्ध में मतैक्य है। स्यन्दिका वर्तमान सई का प्राचीन नाम है। प्रक बौद्धकाल में कोसल की सीमा स्यन्दिका (सई) को मन जाता था। वेदश्रुति के सम्बन्ध में अनेक मत है। कुछ लोग इसे बिसुही मानते है, जबकि अन्य कुछ लोग इसे बेसो मानते है। बिसुही नाम की दो नदिया है—एक फैज़ाबाद में अयोध्या के पास है जो क्रम में तमसा के पहले आएगी, जबकि दूसरी बिसुही जौनपुर में स्थित है, जो क्रम में गोमती नदी के बाद आएगी। जबकि वनगमन मार्ग की वेदश्रुति तमसा और गोमती के मध्य स्थित है। वाल्मीकि रामायण के 10 वे सर्ग में उल्लेख है की कोसल की सिमा लाँघ कर बढ़ने पर वेदश्रुति नदी मिली। फैज़ाबाद की बिसुही कोसल की सीमा में स्थित है अतः इसकी सम्भावना नहीं बचती। पाँचो नदियों का उपरोक्त क्रम सिर्फ आजमगढ़ की बेसो पार करने पर मिलता है। इससे सिद्ध होता है की रामायण में वर्णित वेदश्रुति जनपद आजमगढ़ की बेसो नदी है। इसी मार्ग पर योग वशिष्ठ में राम द्वारा उल्लेखित पल्हमेश्वरी देवी का मंदिर तथा शबरी आश्रम भी मिलता है। इन सबसे संकेत मिलता है की प्रभु राम, माँ सीता, भगवान लक्ष्मण का वनगमन मार्ग वर्तमान मऊ- आजमगढ़ से होकर गुजरता है। जनपद में ऐसी मान्यता है की कंधरापुर में जटायु के भाई सम्पति का निवास स्थान था जिसके पंख सूर्य के तेज से जल गए थे। सम्पति ने चन्द्रमा से से अपना इलाज कराया था। कंधरापुर में चन्द्रमा आश्रम के निकट होने के कारन इसे सम्पति का निवास मन गया।।

जनपद में जिन स्थानों पर अयोध्या का फाटक होने की मान्यता रही है वहाँ से प्रायः पत्थर के चौखट मिले है जो प्राचीन मंदिरो के अवशेष है, अतः इन स्थानों की प्राचीनता अधिकतम गुप्तकाल से राजपूत काल तक जाती है। प्राचीन अयोध्या नहुष कोट के इर्द गिर्द रही होगी, राजा नहुष इच्छवाकु वंश से थे और भगवान राम के वंशज थे। उनके नाम पर कोट का होना प्रमाण है। चुकी घोसी को अयोध्या की अंतिम परकोट भी माना जाता है। सिकंदरपुर का पुराना नाम पुरुषोत्तमपुर था जो राम के लिए आता है। इसी तरह घोसी के नहुष के टीले से कृष्णा लोहित, कृष्ण लेपित, काली चमकीली पालिशदार पत्र परम्परा के साथ गैरिक मृदभांड मिले है जिन्हें रामायणकालीन पत्र माना जाता है। दुर्गा दास गुप्त का मत है की रामवंश के अंतिम शासक बृहद्बला के मृत्यु के पश्चात् अयोध्या 1024 इ पूर्व पूर्णतः नष्ट हो गयी। यह अयोध्या घोसी, देवलास, मऊ, खैराडीह, भुनाडीह, सूरजपुर, करो, बेलौली आदि को समेटे हुयी थी। प्राप्त प्रमाणों के आधार पर यह कहा जा सकता है की रामयुगीन अयोध्या का सम्बन्ध मऊ, आजमगढ़ के विशाल भू क्षेत्र से हो सकता है।

उपरोक्त लोकमान्यताओं के इतिहास सम्मत विश्लेषण से स्पष्ट है की मऊ, आजमगढ़ का यह सुरम्य अंचल ऋषियों की तपोस्थली रहा है। ऋषि आश्रमों के रूप में मान्य अधिकांश स्थलों से पूर्व मध्यकाल के साक्ष्य मिले है, जिससे प्रतीत होता है की इन स्थलों की प्रसिद्धि कुषाणकाल से कल्युरि काल के मध्य हुई होगी। मऊ का यह क्षेत्र निश्चित रूप से काशी-कोसल का अंग रहा है। अतः अनेक स्थानों से मिले पुरातात्विक साक्ष्यों एवं वाल्मीकि रामायण के भौगोलिक संकेतो से इसकी प्राचीनता एवं रामयुगीन अयोध्या की सभ्यता इतिहास सम्मत जान पड़ती है

19 नवम्बर 1988 को मऊ जिला अपने सांस्कृतिक, साहित्यिक, पौराणिक, सामाजिक व राजनीतिक स्वर्णिम गाथाओं को समेटे हुए एक नए जिले के रूप में उदित हुआ।

पावन धरा को प्रणाम

हाँ जरूर देखना बड़े- बड़े शहरो के सपने
लेकिन मत भूलना कहाँ खुली थी
तुम्हारी पहली बार आँख
कहाँ गंध पाया था तुमने,
वो बारिश के बाद सौंधी मिट्टी का,
किसने भरा था बिना एहसान दिखाए तुम्हारा पेट
कौन बेशकीमती लगता है
जब बाजार में खुलेआम है सबकी क़ीमत

कभी कभी जरूर लौटना वहाँ
ले आना खुशबू, भर लेना पेट
और थोड़ा बाँध भी लेना ख़ुशियों से भरा गमछा
ताकि उन्हें भी दे सको
जिन्होंने चकाचौंध को ही रोशनी जान लिया ।

—सौरभ सिंह (2 मार्च, 2022)

सभ्यता का उदय

जनपद प्राचीनतम मानव अधिवासों में से एक रहा है। 19वीं-20वीं सदी में जनपद की प्राचीनता का अन्वेषण करने के लिए कतिपय सर्वेक्षण एवं अध्ययन किये गये किन्तु जनपद में सभ्यता के उदय को रेखांकित करने वाला कोठ आलेख अभी प्रकाश में नहीं आया है। प्रस्तुत अध्याय में जनपद आजमगढ़-मऊ में सभ्यता के उदय पर संक्षिप्त व क्रमबद्ध रूप से प्रकाश डाला जायेगा। उल्लेखनीय है कि किसी भी स्थान का इतिहास जानने के प्रायः दो स्रोत होते हैं, प्रथम-पुरातात्विक एवं द्वितीय-साहित्यिक। किन्तु तृतीय स्रोत के रूप में हम मौखित अथवा परंपरागत इतिहास को भी रख सकते हैं। पुरातत्व में अभिलेखीय साक्ष्य, मुद्रा साक्ष्य तथा स्मारक साक्ष्य का उल्लेख किया जाता है। आजमगढ़-मऊ से उक्त तीनों प्रकार के साक्ष्य प्राप्त हुये हैं। साहित्यिक स्रोतों को देसी तथा विदेश में वर्गीकृत किया जा सकता है। सभी स्रोतों में प्राचीन संस्कृत तथा प्राकृत-पालि भाषा में रचित ग्रंथ हैं।

उल्लेखनीय है कि वाल्मिकी रामायण के अनेक प्रसंगों से संकेत मिलता है कि इनका सम्बन्ध मऊ के प्राचीन भू-क्षेत्र से रहा होगा। दीघ निकाय के आलोक सुत्त तथा कुछ जातक कथाओं से संकेत मिलता है कि आजमगढ़ का प्राचीन नाम (आँवक) था। फाहयान तथा ह्वेनसांग के यात्र वृतांतों से भी आँवक के सम्बंध में कुछ सूचनाएं प्राप्त होती हैं।

प्राचीन इतिहास के स्वरूप निर्धारण में अनके बाधाएँ हैं। आजमगढ़ नाम का उदय 17वीं (1665 ई.) सदी में हुआ जबकि एक स्वतंत्र जिले के रूप में आजमगढ़ का गठन 1832 में हुआ। अनके साक्ष्यों से ऐसा प्रतीत होता है कि प्राचीन काल में जिले का विशाल भू-भाग वनों से आच्छादित था जो काशी और कोशल के मध्य बंटा था। इस भूक्षेत्र में मानव आबादी प्राय क्षीण आदिम स्वरूप की थी। गंगा के मैदानों में ताम्रपाषाण काल से बुद्ध काल तक काल निर्धारण के लिए मृदभाण्ड एकमात्र प्राचीनता बोधक साक्ष्य माने जाते हैं। बुद्ध काल से मृदभाण्डों के साथ आहत सिक्कों के साक्ष्य भी मिलने लगते हैं। मौर्य-शुंग काल से मृदभाण्ड व सिक्कों के अलावा मौर्यकालीन ईंटें मिलने लगती हैं। कुषाण काल से उपरोक्त साक्ष्यों के साथ मुर्तियाँ तथा पत्थर की मूर्तियाँ मिलने लगती

हैं। गुप्त काल तक मृदभाण्डों, सिक्कों तथा मूर्तियों के अलावा मंदिर के अवशेष भी प्रचुर मात्र में मिलने लगते हैं। मौर्यकाल से गुप्तकाल तक पाषाण अथवा ताम्र अभिलेखों से भी अनेक तथ्य मिलते हैं। पूर्वी उत्तर प्रदेश के जिस हिस्से में जनपद बसा है वहाँ मानव अधिवास का इतिहास हज़ारों साल पुराना है। आस-पास स्थित मिर्जापुर, जौनपुर, सोनभद्र, चंदौली, इलाहाबाद, गाजीपुर, बस्ती, गोरखपुर, बलिया तथा प्रतापगढ़ जिलों के अनेक उत्खनित स्थलों से पाषाण काल के भी पुरावशेष प्रचुर मात्र में मिल चुके हैं। यह स्थल आजमगढ़ से प्रायः 200 किलोमीटर से कम दूरी पर स्थित है। घुमन्तु आदि मानव के लिए यह तीन से चार दिन का मार्ग था। जनपद मिर्जापुर में टोंस की सहायक बेलन नदी घाटी में पूर्व पुरापाषाण से नवपाषाण काल तक के उपकरणों का एक पूरा अनुक्रम मिला है। यहाँ से पूर्व पुरापाषाण काल (25 लाख-09 लाख ई. पूर्व) के कुल 44 पुरास्थल खोजे जा चुके हैं। इसी नदी घाटी की सिंगरौली बेसिन से मध्य पुरापाषाण काल (09 लाख-40 हजार ई. पूर्व) के साक्ष्य मिले हैं। मिर्जापुर के विंध्य क्षेत्र से उच्च पुरापाषाण काल के शैलाश्रय गुफा चित्र (40 हजार-10 हजार ई. पूर्व) भी मिले हैं। जनपद में स्थित मोरहना पहाड़, बगहीखोर, लेखइहा आदि से मध्य पाषाण काल (08 हजार -04 हजार ई. पूर्व) के प्रमाण तथा नरकंकाल मिले हैं। जनपद इलाहाबाद में उक्त बेलन नदी घाटी में स्थित चौपानीमांडो से पूर्व पाषाण काल से उत्तर मध्य पाषाण काल तक अनुक्रम मिला है। इस पुरास्थल से मिले हस्तनिर्मित अनगढ़ मृदभाण्ड पूरी दुनिया में प्राचीनतम माने जाते हैं। यहां से स्तम्भ गर्त व चूल्हे के भी साक्ष्य मिले हैं। चोपानीमाण्डो से उत्तर पुरापाषाण काल के हथियार व जीवाश्म भी मिले हैं। बेलन घाटी में स्थित कोलडिहवासे 6000 ई. पूर्व में धान उगाने के साक्ष्य मिले हैं जो विश्व में धान की खेती के प्राचीनतम प्रमाण हैं। इलाहाबाद में स्थित महगड़ा से जौ, पशुबाड़ा तथा गोल झोपड़ियों के भी प्रमाण मिलते हैं।

जनपद वाराणसी में स्थित चकिया से मध्यपाषाण काल के औजार मिले हैं। जनपद प्रतापगढ़ में स्थित सरायनाहर राय, महदहा तथा दमदमा जैसे स्थलों पर व्यापक खुदाई हो चुकी है। इन स्थानों मध्यपाषाण काल की कब्रें, मृगश्रृंग, स्तम्भ गर्त तथा जीवाश्म मिले हैं। इसी तरह जनपद बलिया में भूनाडीह तथा खैराडीह में विस्तृत उत्खनन हुआ है। यहां से ताम्रपाषाण काल के साक्ष्य मिलते है। जनपद गोरखपुर में सौहगौरा एवं नरहन से नवपाषाण काल के अंतिम चरणों के साक्ष्य मिले हैं। जनपद गाजीपुर में मसौनडीह से भी ताम्रपाषाण काल के साक्ष्य मिले हैं। इस प्रकार हम देखते हैं कि आजमगढ़ के चारों तरफ पाषाणकालीन आदि मानव के साक्ष्य प्रचुरता से उपलब्ध हैं। हालांकि आजमगढ़-मऊ से अभी तक पाषाणकाल का कोई भी साक्ष्य नहीं मिला है। दयाशंकर मिश्र ने घोसी तहसील के किसी स्थान से मेहता पुस्तकालय में लाकर उत्तर पाषाणकालीन हथियार रखे जाने का उल्लेख किया है। किन्तु वर्तमान में यह हथियार वहाँ मौजूद नहीं है। इसी प्रकार

हम देखते हैं कि आजमगढ़-मऊ में ताम्रपाषाण काल के पूर्व के साक्ष्य उपलब्ध नहीं है।

जनपद मऊ की प्राचीनतम पात्र परम्परा काली चमकीली अथवा कृष्ण लेपित पात्र परम्परा थी। इसके मृदभाण्ड ऊँचागांव (सदर तहसील आजमगढ़ में शहर से 7 किलोमीटर दूर स्थित) कुआँरीडीह/दंतौरा (तहसील सदर मऊ में रतनपूरा-नगवां मार्ग पर रतनपुरा बाजार से 04 किलोमीटर दक्षिण में स्थित) गोपालपुर, अदरौना (तहसील सदर मऊ में रतनपुरा बाजार से 08 किलोमीटर पश्चिम में स्थित), मुसलदाह, औरगांबाद (मऊ शहर से उत्तर-पश्चिम में डेढ किलोमीटर की दूरी पर टौंस के किनारे स्थित), इमलियाडीह (मऊ-गाजीपुर मार्ग पर मुख्यालय से 05 किलोमीटर दूर भैंसही नदी के किनारे स्थित) तथा राजा नहुष के टीले से मिले है। कृष्ण लेपित मृदभाण्ड अधिकांशतः पतले बारी वाले एवं महीन मिट्टी से बने पात्र थे। अब तक प्राप्त नमूनों में अधिकांशतः स्टोरेज जार, कैरीनोटिड हांड़ियाँ, घड़े, कटोरे, टोंटीदार बर्तन आदि है । यह पूरे गंगा के मैदान मे मिलने वाली प्रतिनिधि पात्र परम्परा है। इन्हे तीव्र चाकों पर घमाकर बनाया जाता था। इन पात्रों पर बाहर से काला चिकना घोल चढ़ा होता है। सम्भवतः इन्हें घिसकर चमकाया जाता था। इस परम्परा के पात्र इलाहाबाद में श्रृंगवेरपुर से, बनारस में प्रहलादपुर व राजघाट से, गाजीपुर में मसौनडीह से, बलिया में खैराडीह से तथा गोरखपुर में सौहगौरा से भी मिले हैं। पुराविदों ने इस पात्र परम्परा का कालखण्ड 1200 ई. पु. से 800 ई.पु. का स्वीकार किया है। किन्तु वर्तमान मे मिले अन्य साक्ष्यों के आधार पर इन्हें कांस्ययुगीन अथवा लौहयुगीन पात्र माना जाता है। वर्तमान में इन पात्रों का काल पुराविद 2000 ई.पु. तक निर्धारित करते है, अर्थात ये भी सिन्धु सभ्यता के समकालीन पात्र हैं। सम्भवतः इनका प्रयोग पूर्वोक्त मानव समुहों के द्वारा भण्डारण के लिए किया जाता था।

जनपद आजमगढ़-मऊ पात्र परम्परा डोरी की छाप वाले पात्र हैं, जिन्हें कार्डेड वेयर भी कहा जाता है। इस परम्परा के दो चरण माने जाते है-प्रथम चरण-2000 से 1300 ई.पु. तक तथा द्वितीय चरण-1300 से 300 ई.पु.। पहले चरण में ये पात्र सिन्धु घाटी सभ्यता के समकालीन हे तथा कृष्ण लोहित पात्रों के साथ मिलते है। इन पात्रों की खोज सन् 1984 में श्री पुरूषोत्तम सिंह ने जनपद गोरखपुर के नरहन नामक स्थान पर किया। उत्खनित स्थल के नाम पर उन्होनें इस संस्कृति का नाम नरहन संस्कृति रखा। इस तरह के पात्र सरयूपार व बस्ती के कई स्थानों से मिले है। आजमगढ़ में ये पात्र भतड़ीचक में स्थित गरहा की कोट (राजभरी कोट), रंगडीह तथा गरथौली से मिले है। राहुल सांकृत्यायन ने कनैला की कथा की पहली कहानी- त्रिवेणी में इसी संस्कृति का कल्पना चित्र प्रस्तुत किया है। उन्होंने इस कहानी का काल 1300 ई.पु. निर्धारित किया हे जो इस क्षेत्र में वस्तुतः नरहन संस्कृति का काल है। इस कहानी में राहुल जी ने भीलों-निषादों, किरातों तथा दमिलों के आपसी संघर्षो को रेखांकित किया है। इस तरह हम देखते है कि आजमगढ़ में नरहन संस्कृति से जुड़े प्रमुख मानव समूह भील, किरात तथा द्रविड़ थे।

भीलों से पराभूत होकर किरात नेपाल की तराई में जा बसें। राहुल जी के अनुसार थाः उन्हीं की सन्तान हैं जबकि वैदिकों के दबाव में द्रविड़जन पहले पश्चिम भारत से गांगेय क्षेत्र में आये, पुनः दक्षिण भारत की ओर बढ़ गये। किन्तु उनकी भाषा के अंश हजारो साल बाद आज भी उत्तर भारतीय भाषाओं में बहुतायत से मिलते है। इन्हें सत्यनारायण दास की पुस्तक-द्रविड़यन इन नार्थ इण्डियन टोपोनीमी में देखा जा सकता है।

जनपद पात्र परम्परा गैरिक मृदभाण्ड अथवा ओ.सी.पी. की है। इस प्रकार के पात्रों पर लाल रंग का लेप चढ़ा होता है। किन्तु इन्हें मसलने पर गेरूए रंग के हो जाते हैं जिसके कारण इनका नामकरण गैरिक मृदभाण्ड किया गया है। इन्हे प्रारम्भिक इंडो-आर्यन या वैदिक संस्कृति के प्रतिनिधि पात्र के रूप में स्वीकार किया जाता है। ये मुख्यतः पश्चिमी उत्तर प्रदेश में बड़ी मात्रा मे मिलते है। इनके साथ ताँबे के भण्डार भी मिलते है। आजमगढ़-मऊ में इस प्रकार के मृदभाण्ड कुआँरीडीह/दंतौरा, इमलियाडीह तथा राजा नहुष के टीले से मिले हैं। यह गंगा-यमुना दोआब की दूसरी शताब्दी 2000 ई.पु. की कांस्ययुगीन पात्र परम्परा कुरू-पांचाल राज्यों अर्थात महाजनपदों के उदय की साक्षी परम्परा मानी जाती है। गैरिक मृदभाण्डों को रामायणकालीन मृदभाण्ड भी कहा जाता है। उल्लेखनीय है कि आजमगढ़-मऊ का यह क्षेत्र प्राचीन कोसल राज्य से जुड़ा था। पूर्वी उत्तर प्रदेश में वैदिक संस्कृति का आगमन विवाद का विषय है। शतपथ ब्राह्मण में वर्णित विदेह माधव की कथा के अनुसार इस क्षेत्र में आर्यो का आगमन 8वीं सदी ई.पु. में हुआ होगा। किन्तु हाल में प्राचीन सरस्वती नदी पर किए गए शोधकार्यो व सुश्री विदुला जायसवाल द्वारा सारनाथ के पास अकथा में की गयी खुदाई के आधार पर इस घटना को 1700 ई.पु. तक माना जाने लगा हैं। हालंकि इस मत को अभी व्यापक स्वीकार्यता नहीं मिली है। आजमगढ़ की प्राग्बौद्ध पात्र परम्परा की कड़ी में अन्तिम अर्थात पंचम पात्र परम्परा चित्रित धुसर पात्रों की है। पुराविदों ने इनका काल 1200-600 ई.पु. निर्धारित किया है। यह पात्र परम्परा गंगा के मैदान में लौहयुग संस्कृति की द्योतक मानी जाती है। चित्रित धूसर परम्परा के पात्र जनपद आजमगढ़-मऊ के मुसलादह, औरगाबांद, तथा अदरौना जैसे स्थानों से मिलते है। इस प्रकार के पात्र कौशाम्बी तथा सोहगौरा से भी मिले है। ये पात्र धूसर अथवा स्लेटी रंग के होते है। इन्हें सुन्दर, चिकनी व मसृण मिट्टी से बनाया जाता था। इनका प्रयोग प्रायः रोज काम में आने वाले भोजन पात्र के रूप में तथा भण्डारण पात्र के रूप में किया जाता था। प्राप्त नमूनों में जार, कटोरे, थाली, कलस और हत्थेदार कड़ाही के टुकड़े प्रमुख हैं।

जनपद आजमगढ़-मऊ के विभिन्न स्थलों के उत्खनन एवं परिगणन से प्राप्त उपरोक्त पात्र परम्पराओं के विश्लेषण से स्पष्ट है कि सिन्धु घाटी सभ्यता के काल पूर्वी उत्तर प्रदेश के इस भूभाग में कृष्ण लोहित, कृष्ण लेपित, चित्रित धुसर, गैरिक तथा डोरी की छाप वाले पात्रों का प्रयोग करने वाले मानव समूह नदियों, बड़ी झीलों

तथा उनसे निकली जलधाराओं के किनारे बसे थे। इनमें यादव, नाग, किरात, द्रविड़, तथा मुण्डा जनजाति के लोग प्रमुख थे। वर्तमान आजमगढ़ में यादव, जाति की विशाल जनसंख्या उनकी प्राचीनता की द्योतक है। नाग जातियों का विकास कालान्तर में बरेठा, छीपा, रजक, बुनकर के रूप में हुआ। मऊ, कोपागंज, मुहम्मदाबाद, मुबारकपुर,देवलास आदि में वस्त्रोद्योग से जुड़े अधिकांश मानव समूह मूलतः प्राचीन नागों के प्रतिनिधि है जो बौद्धकाल में बौद्ध धर्म के अनुयायी हो गये एवं इस्लाम के आगमन पर धर्मान्तरण कर मुस्लिम बन गये। किरात हजारों वर्ष पूर्व नेपाल व शिवालिक श्रेणियों बस गये जहां आज भी उनके वंशज थाः जनजाति के रूप में रहते हैं। प्राचीन भील/निषाद की सीधी वंश परम्परा में मुसहारो को माना जाता है। द्रविड़ का बड़ा तबका दक्षिण की ओर चला गया। शेष का रूपांतरण सिउरी एवं अन्य शूद्र जातियों के रूप मे हो गया। जनपद में मुड़हर, मुडियारी, मुण्डेरा जैसा गांव प्राचीन मुण्डा जाति के नाम संजोए है।

भारत वर्ष की हृदय स्थली उत्तर प्रदेश के पूर्वी छोर पर नव सृजित जनपद-मऊ देवल, दुर्वासा की तपो भूमि होंने के साथ अपने हृदय में अतीत की गौरवमयी सांस्कृतिक विरासत को समेटे हुए है। इसके विशाल आँगन में राजा नहुष की नगरी (घोसी) मलिक ताहिर बाबा का मजार (रौजा) मऊ, दरगाह साहब का मजार (सिपाह) का पवित्र स्थान है। जहाँ हर वर्ष मेला लगता है।

इसके पौराणिक, ऐतिहासिक होने का प्रमाण जिला मुख्यालय मऊ में शाही कटरा की पवित्र जामा मस्जिद है। इसी स्थान पर किसी जमाने में आगरा से कुछ लोग लाकर बसाये गये थे। यह नगर बहुसंख्यक बुनकरों की आबादी वाला नगर है जो पहले हथकरघा और अब भी मऊ वाली साड़ी के लिए विश्व प्रसिद्ध है।

इस नगर के विषय में राष्ट्रपिता गांधीजी ने मऊ को हिन्दुस्तान के मानचेस्टर की उपाधि से विभूषित किया था जो आज अक्षरसः सत्य सिद्ध हो रहा है। भारत के प्रथम प्रधानमंत्री स्व. पं. जवाहर लाल नेहरु जी के स्वागत में किसी शायर ने सच ही कहा था कि—

अरब बना, ईराक बना और शहर बना लखनऊ।
थोड़ी सी बच गयी खाक तो शहर बन गया मऊ।।

(अज्ञात)

इस पवित्र धरती के दक्षिण से पवित्र माता गंगा जी की पावन धारा गाजीपुर से होते हुए तथा इस जनपद के उत्तर दिशा से पवित्र नदी सरयूजी दोहरी घाट होते हुए बहती हुई माता गंगा की पवित्र धारा में बलिया जनपद में जाकर संगम स्थल बनाती हैं। इस के मध्य में छोटी सरयू आकर ग्राम सहरोज में तमसा नदी में मिलकर त्रिमुहानी का संगम बनाती हैं जहाँ प्रति वर्ष कार्तिक पूर्णिमा को मेला लगता है। इसके दक्षिण में भगवान विश्वनाथ की नगरी काशी तथा उत्तर में बाबा गोरखनाथ की पावन नगरी गोरखपुर नगर

तथा पूरब में भृगुमुनि, दर्दर ऋषि की तपोभूमि बलिया इसकी शोभा को तथा पवित्रता को बनाये हुए हैं। इस के पश्चिम में भगवान राम की जन्मभूमि अयोध्या, कृष्ण की जन्मभूमि मथुरा तथा इसी दिशा में पाक स्थान देवा शरीफ तथा अजमेर शरीफ पड़ता है जहाँ सभी मजहब के लोग श्रद्धा से दरगााह साहब पर पाक चादर चढ़ाते हैं और अपनी मिन्नतें माँगते हैं। हैं। जिले के आधिकारिक वेबपेज पर रिकॉर्ड के अनुसार, 1028 ईस्वी में राजा सैयद शलार मसूद गाजी क्षेत्र को जीतने के लिए एक विशाल सेना के साथ आया था, लेकिन वह अपने कुछ लोगों को क्षेत्र में छोड़कर अफगानिस्तान वापस चला गया। एक सूफी संत बाबा मलिक ताहिर और उनके भाई मलिक कासिम शेष समूह का हिस्सा थे। मऊ शहर में इन दोनों संतों के नाम पर मलिक ताहिर पुरा और कासिम पुरा जैसे स्थान हैं। मलिक ताहिर का मकबरा भी मलिक ताहिर पुरा में मौजूद है और स्थानीय रूप से मजार मलिक ताहिर बाबा के नाम से जाना जाता है।

हमारा यह जनपद विश्व मान चित्र पर अपनी अलग पहचान बनाये हुए है जहाँ पर ऋषि मुनियों के साथ साधू-सन्त-फकीर पैदा हुए हैं। इनके साथ ही महान क्रान्तिकारी, महान स्वतंत्रता संग्राम सेनानी, महान साहित्यकार लेखक तथा कवि और शायर भी इस धरती पर जन्म लिए हैं। जिनकी अपनी एक अलग पहचान है। इस जनपद के हृदय स्थल से होकर तमसा नदी बहती हुई बलिया जनपद में जाकर गंगा माता की पवित्र धारा में विलिन हो जाती है। देवलास तथा वनदेवी धाम भी इसी जनपद में पवित्र पूजा स्थल हैं तथा इस जनपद की अमूल्य सांस्कृतिक धरोहर हैं।

यहाँ पर वीर रसावतार, कविवर पं. श्यामनारायण पाण्डेय, प्रसिद्ध नाटककार एवं कवि पं. लक्ष्मी नारायण मिश्र तथा उर्दू के महान विश्व स्तर के लेखक मौलवी हबीबुरर्हमान आज़मी (बड़े मौलाना) पैदा हुए है जिनके जनाज़े की व्यवस्था करने के लिए तीन दिन तक तम्बू बांस गड़ते रहे। इस जनाज़े में पूरे विश्व के लोगों ने भाग लिया था, इसके अतिरिक्त जामी चिरैयाकोटी, फिजा इब्ने फैज़ी दुनिया के मशहूर शायर हैं।

इस उर्वरक जमीं ने देश को ढेरो प्रतिभाएं दी जिन्होंने आगे चलकर देश के उन्नति में अपना योगदान दिया। अलगूराइ शास्त्री झारखंडे राय मदन मोहन (आजाद हिन्द फौज कन्हैया लाल मिश्रा मर्यादपुर (चौथे एडवोकेट जनरल उत्तर प्रदेश ब्रिगेडियर मोहम्मद उस्मान, बहादुर प्रसाद सिंह सिधवाल मऊ (अर्जुन पुरस्कार सम्मानित, एशियन चौम्पियन), पद्मश्री राम हर्ष सिंह कनियारीपुर मऊ, श्री हर्ष वर्धन सिंह (फॉर्मर डिप्टी डी जी वर्ल्ड ट्रेड आर्गेनाईजेशन) का जन्म भी मऊ में हुआ। वर्तमान में भी मऊ से ऐसे व्यक्तित्व है जिन्होंने ने राष्ट्र निर्माण में अद्वितीय योगदान दिया है। इस पुस्तक के लेखन चिंतन में सदैव मुझे ऐसे व्यक्तित्व की खोज थी जिनके कृत्यों से प्रेरणा लेकर स्वयं को भी राष्ट्र सेवा के लिए पूर्ण संकल्पित कर सकूं। इसी क्रम में मैं कुछ ऐसे व्यक्तित्वों का उल्लेख करना चाहता हुँ जिनकी प्रेरणा से यह लेखन शुरू कर सका। मेरे दादा स्वर्गीय इन्द्रासन

सिंह जिन्होंने बचपन से मुझे अपने सानिध्य में रखा उनसे मैंने स्वतंत्रता संग्राम में सदैव विभिन्न विधा के लोगो का योगदान ,पौराणिक स्थल आदि का ज्ञान अर्जित किया, वो दुनिया की सबसे कठिन नैतिक मूल्यों की शिक्षा इतने सरल शब्दों में देते थे जो आज मुझे हतप्रभ करता है। जन्मभूमि के प्रति प्रेम का बीज भी अंकुरित होने का श्रेय परम पिता परमेश्वर बाबा को देता हुँ। मेरे पिता श्री राम प्रभाव सिंह, माता श्रीमती अर्चना सिंह धर्मपत्नी रचना राणा इन सब का विशेष योगदान रहा है। साथ ही मेरी बहन शालिनी का सहयोग रहा। मऊ जिले के निवासी श्री दुर्गा शंकर मिश्रा सर जिनका उल्लेख किये बिना पूर्णता नहीं आएगी इस लेखन के दौरान उनसे मिलना हुआ और मैं समझ सका की क्यों कभी टैगोर जी ने लिखा था जड़ो से दुरी किसी वृक्ष की स्वतंत्रता नहीं हो सकती उनके द्वारा देश निर्माण का जो कार्य शहरी विकास मंत्रालय में हुआ वो देश जानता है लेकिन बहुत कम लोग जानते है की अपनी मिटटी के लोगो और उसके विकास की उन्हें कितनी व्याकुलता रहती है। कटघरा शंकर स्थित शहीद स्मारक को विशेष दर्जा दिलाना हो प्राइमरी स्कूल को गोद लेना 750 एकड़ में फैले घोसी के समीप पकड़ी ताल के सौंदर्य का प्रस्ताव भीतिया ब्रह्म स्थान जैसे लोक देवता के स्थान का सुंदरीकरण हो, अमृत सरोवरों का निर्माण हो, इस जैसे कितने कार्य निष्पादित हुए। मैं आश्चर्यचकित था की कैसे उन्हें 1995 में कोठिया धाम में दो दशक पूर्व का जाना तक याद है अपने प्राइमरी स्कूल पर स्थित एक एक पेड़ का स्मृति में होना उनकी पर्यावरण के प्रति प्रेम को दर्शाता है। इसी क्रम में श्री अखिलेश सिंह जो आईपीएस है एवं वर्तमान में डीआईजी सीबीआई के पद पर है, उनसे चर्चा के बाद मुझे महसूस हुआ की व्यक्ति तभी सफलता के श्रृंग तक पहुँच सकता है जब वह अपने कर्तव्यों का पूर्ण निर्वहन निष्काम रूप से करता रहे, इन्ही कर्तव्यों में एक है जन्मभूमि के प्रति अपना योगदान जो आप में सदैव मिलता है। जब भी मैं जन्मभूमि की तरफ जाता हुँ मुझे एक विशेष व्यक्तित्व प्रभावित करते है जिनका नाम अनिल सिंह सिसौदिया है, वर्तमान पुलिस अधीक्षक उत्तर प्रदेश, इनसे मऊ के किसी गाँव के लोग बिना हिचक आकर अपनी समस्याओ को बताते है और ये तुरंत उसके लिए कार्य करते है, मुझे एक घटना याद है जब मऊ के कुछ लोग सऊदी में फस गए थे और उसके बाद कितनी तत्परता से इन्होंने उसे वापस लेने में पूरी मदद की। एक अन्य व्यक्ति जिनसे मै इसी क्रम में मिल पाया जिनका नाम श्री जी.एन. सिंह है (पूर्व डीजीसीआईए इन्होंने मुझे पूर्ण सहयोग किया एवं अपने विस्तृत अनुभवों की चर्चा की। मऊ के श्री ए के शर्मा (मंत्री उत्तर प्रदेश सरकार) श्री अननजनेय कुमार सिंह आईएएस, कमिश्नर मुरादाबाद, श्री राम नवल सिंह संस्थापक प्रोग्रेसिव आर्ट गैलेरी, श्री हर्ष वर्धन सिंह (ईडीसी किंग इंडिया, फॉर्मर डीडीजी वर्ल्ड ट्रेड आर्गेनाईजेशन), इन व्यक्तित्वों से हमेशा प्रेरणा मिलती रही जो हमेशा अपने जन्मभूमि के विकास हेतु तत्पर रहते है मैं आप सब का सदैव ऋणी रहूँगा।

मऊ का इतिहास काफी रोचक रहा है। मुगल शासन काल में मऊ का इलाका तत्कालीन बादशाह शाहजहाँ की पुत्री जहाँआरा को दिया गया था। नगर के मौजूदा स्वरूप की नींव जहाँआरा के समय में ही पड़ी थी। उन्होंने नगर के बीचो-बीच स्थित कटरा में अपना आवास और शाही मस्जिद बनावाया और उसकी सुरक्षा के लिये उसे फौज की छावनी में बदल दिया। फौज के लिये बनाये गये बैरकों के अवशेष आज भी मौजूद हैं। जहाँआरा ने अपने भाई औरंगजेब के नाम पर ही औरंगाबाद मुहल्ले को बसाया था। जहाँआरा ने मऊनाथभंजन का नाम अपने नाम पर जहाँनाबाद रखा था, लेकिन यह नाम प्रचलित न हो सका। जब मुगल परिवार यहाँ आया तो उनके साथ काफी मजदूर, कारीगर, कुशल-प्रशिक्षित श्रमिक यहाँ आये। उन्होंने ही यहाँ बुनाई कला को जन्म दिया। सूत कातने वाले लोग गोरखपुर से यहाँ आकर बसे, उनके लिये कतुआपुरा पूरब और कतुआपुरा पश्चिम बसाया गया। जहाँआरा बेगम जब मऊ में नव निर्माण करा रही थी, उसी समय उनके साथ कारीगरों-मजदूरों के अलावा जो लोग आये अधिकांश दस्तकार ही थे। जिसमें सबसे ज्यादा लोग कपड़ा बनाने वाले थे। यहाँ आने वाले दस्तकार आफगानी, इरानी और तुर्की थे। इसीलिये यहाँ की रोचक बोली में अफगानी, इरानी व तुर्की शब्दों का काफी प्रयोग मिलता है।

यह उत्तर प्रदेश के पूर्व में स्थित है मऊ जनपद का इतिहास लगभग 1500 वर्ष पुराना माना जाता है। यहाँ का पूरा इलाका एक समय में घना जंगल हुआ करता था। यहाँ के जंगलों और नदी के आस-पास आदिवासी जातियां निवास करती थीं। माना जाता है कि यहाँ सबसे पहले नट निवास करते थे और यहाँ पर इन्हीं का शासन चलता था। 11वीं शताब्दी में तत्कालीन हुक्मरान सालार मउऊद गाजी ने देश के विभिन्न हिस्सों में कब्जा करने की नीयत से सूफी संत मलिक ताहिर बाबा और उनके भाई कासिम को फौज की एक टुकड़ी के साथ यहाँ भेजा था। कब्जे को लेकर नट और उनके बीच घमासान लड़ाई हुई। लड़ाई में मऊ नट का भंजन हुआ अर्थात मऊ नामक नटमारा गया, इसी लिये इस इलाके का नाम मऊनटभंजन पड़ा। बाद में इसे लोग मऊनाथभंजन कहने लगे। बाबा मलिक ताहिर ने जहाँ अपना केंद्र बनाया वह स्थान मलिक ताहिरपुरा कहलाया, वहीं उनके भाई ने अपना केंद्र बनाया वह कासिमपुरा बना। उनकी फौज में शामिल सिपाहियों ने अपने अपने नाम पर हुसैनपुरा, बुलाकीपुरा, मिर्जाहादीपुरा, मोहसिनपुरा, न्याज मुहम्मदपुरा, पठानटोला आदि मुहल्ले का नाम दिया। सन् 1540-1545 के बीच यहाँ बादशाह शेरशाह सूरी का आगमन दो बार हुआ। मऊ नगर का पुराना पुल शेरशाह सूरी ने ही बनवाया था। यह पुल 1956 की आयी भयानक बाढ़ में धाराशायी हो गया, बताया जाता है कि पुल निर्माण में देर हो जाने के कारण ही शेरशाह सूरी द्वारा पेशावार से कोलकाता तक बनवाया गया ग्रैण्ट टंक रोड इधर से नहीं गुजर सका।

मऊ जनपद की पहचान के रूप में यहाँ की बुनाई कला आज यहाँ की संस्कृति

और आबो-हवा में घुल चुकी है। मऊ में बुनाई की शुरूआत मुगल सम्राट जहाँगीर के समय में होने की बात कही जाती है। उस समय धीरे-धीरे बुनाई कार्य यहाँ के लोगों की रोजी-रोटी व हुनरके रूप में उभरने लगा। मऊ में हथकरघा की शुरूआत 16वीं सदी मानी जाती है, यह भी माना जाता है कि यहाँ एक तानसेन नाम का एक बुनकर हथकरघे से काफी सुन्दर कपड़ा बनाता था, जिससे कपड़ा बनाने के कला काफी लोगों ने सीखी। तबसे लेकर आज तक मऊ के काफी लोगों का प्रमुख रोजगार बुनाई ही है। मऊ जनपद की बनी साड़ियां एवं जरी देश के साथ-साथ विदेशों में अपनी एक अलग पहचान बनाये हुए है। यहाँ की साड़ियां बनारसी साड़ियों को टक्कर देती है। आज मऊ जनपद के मुस्लिम परिवारों में ज्यादातर लोगों के पास पावरलूम है। इसके साथ-साथ जनपद के कोपागंज, घोसी, अदरी, पूराघाट, मुहम्मदाबाद गोहना,खुरहट, करहां, खैराबाद, पिपरीडीह आदि जगहों पर काफी मात्रा में साड़ियां बनाई जाती हैं। 1957 में जनपद आये प्रधानमंत्री पं. जवाहरलाल नेहरू ने यहाँ के बुनाई उद्योग को देखते हुए इसे भारतका मैनचेस्टर कहा था। मऊ नगर में रघुनाथपुरा, खीरीबाग, क्यारी टोला, भिखारीपुर, बुलाकीपुरा, पठानटोला, प्यारेपुरा, मिर्जाहादीपुरा, मदनपुरा, मलिकताहिरपुरा, कासिमपुरा, मुंशीपुरा, हसनमखासानी, डोमनपुरा, इस्लामपुरा, जमालपुरा, हट्ठीमदारी, मुगलपुरा, दक्षिण टोला, अलाउद्दीनपुरा, इमामगंज, हरिकेशपुरा आदि मुहल्ले में काफी संख्या में बुनाई का कामहोता है। लेकिन आज कहीं ना कहीं बुनाई उद्योग मन्दी के कगार पर है, हजारों की संख्या में बुनाई का काम करने वाले लोग दूसरे स्थानों या खाड़ी देशों में जाने के लिये मजबूर हैं।

यह जिला लखनऊ के दक्षिण-पूर्व से 282 किलोमीटर और आजमगढ़ के पूर्व से 56 किलोमीटर की दूरी पर स्थित है। यह शहर तमसा नदी के किनारे बसा है। तमसा नदी शहर के बीच से निकलतीध्गुजरती है। मऊ जिला का बहुत ही गर्वशाली इतिहास रहा है।पांडवो के वनवास के समय वो मऊ जिले में भी आये थे,आज वो स्थान खुरहट के नाम से जाना जाता है। तथा उत्तरी सीमा पर बसे छोटा सा शहर दोहरीघाट जहा पर राम और परशुराम जी मीले थे तथा दोहरीघाट से दस किलोमीटर पूर्व सूरजपुर नामक गाँव है, जहाँ पर श्रवण की समाधि स्थल है, जहाँ दशरथ ने श्रवण को मारा था।। सामान्यतः यह माना जाता है कि ‘मऊ’ शब्द तुर्किश शब्द से लिया गया है। स्वतंत्रता आन्दोलन के समय में भी मऊ की महत्वपूर्ण भूमिका रही है। 3 अक्टूबर 1939 ई. को महात्मा गांधी इस जगह पर दोहरी घाट आये थे।

तमसा तट पर हजारों वर्ष पूर्व बसे इस इलाके में सन् 1028 के आस-पास बाबा मलिक ताहिर का आगमन हुआ। वे एक सूफी संत थे और अपने भाई मलिक कासिम के साथ फौज की एक टुकड़ी के साथ यहाँ आये थे। इन लोगों का तत्कालीन हुक्मरा सैय्यद शालार मउऊद गाजी ने यहाँ इस इलाके पर कब्जा करने के लिये भेजा था। गाजी

उस समय देश के अन्य हिस्सों पर कब्जा करता हुआ बाराबंकी में सतरिक तक आया था और वहाँ से उसने विभिन्न हिस्सों में कब्जे के लिये फौजी टुकड़ियाँ भेजी थी।।

उन दिनों इस क्षेत्र में मऊ नट का शासन था। कब्जे को लेकर मऊ नट एवं मलिक बंधुओं के बीज भीषण युद्ध हुआ,जिसमें मऊ नट का भंजन (मारा गया) हुआ और इस क्षेत्र को मऊ नट भंजन कहा गया जो कालान्तर में मऊनाथ भंजन हो गया। मऊनाथ भंजन के इस नामकरण को लेकर भी कई विचार है। कुछ विद्वान इसे संस्कृत शब्द ''मयूर'' का अपभ्रंश मानते हैं, तो कुछ इसे टर्की भाषा का शब्द मानते हैं। टर्की में ''मऊ'' शब्द का अर्थ है पड़ाव या छावनी। मऊ नाम की कई जगहें ह, लेकिन उनके साथ कुछ न कुछ स्थानीय विशेषण लगे हुए हैं जैसे,–फाफामऊ, मऊ आईमा, जाज मऊ, मऊनाथ भंजन आदि।

इस इलाके पर अपना वर्चस्व कायम करने के बाद बाबा मलिक ताहिर ने, आज जहाँ चौक है उसके उत्तर अपना केन्द्र बनाया जो आज भी मलिक ताहिरपुरा के नाम से जाना जाता है। इसी प्रकार उनके भाई मलिक कासिम ने चौक के दक्षिण को कासिमपुरा के नाम पर आबाद किया। मलिक ताहिर के फौज में शामिल ओहदेदार सिपाहियों ने कुछ-कुछ दूरी पर अपने-अपने नाम पर इलाकों को आबाद किया, जो आज भी हुसैनपुरा, बुलाकीपुरा, मिर्जाहादीपुरा, कासिमपुरा, मोहसिनपुरा, न्याज़ मुहम्मदपुरा, पठानटोला, आदि मुहल्लों के रूप में मौजूद हैं। मलिक भाइयों के आगमन के बाद यह इलाका धीरे-धीरे आबाद होता चला गया।।

मौर्य एवं गुप्त वंश के राजाओं का दीप निर्वाण होने के पश्चात् मुगल शासन काल में यह स्थान जौनपुर राज्य अन्तर्गत था। इसके पूर्व 1540-1545 के मध्य इस क्षेत्र में तत्कालीन बादशाह शेरशाह सूरी का आगमन दो बार हुआ। शेरशाह सूरी दरगाह में रह रहे सूफी संत मीराशाह से मिलने आया था। उसकी बेटी महाबानो मीराशाह के सानिध्य में ही रह रही थी। मऊ नगर का पुराना पुल जो 1956 की बाढ़ में धाराशाही हो गया, शेरशाह सूरी द्वारा ही बनवाया गया था। बताते हैं कि पुल निर्माण में देर हो जाने के कारण ही शेरशाह सूरी द्वारा पेशावार से कोलकाता तक बनवाया गया ऐतिहासिक मार्ग (ग्राण्ट टंक रोड) इधर से नहीं गुजर सका।

सन् 1629 में मुगल बादशाह शाहजहाँ के शासन काल में यह इलाका उनकी लड़की जहाँआरा को मिला। नगर के वर्तमान स्वरूप की नींव जहाँआरा के शासन काल में ही पड़ी। जहाँआरा बेगम ने यहाँ कटरा में अपना आवास एवं शाही मस्जिद का निर्माण करवाया और उसकी सुरक्षा के लिए उसे फौजी छावनी में तब्दील कर दिया गया। फौज को रहने के लिये बनाई गयी बैरकों के अवशेष आज भी विद्यमान है। जहाँआरा ने शाही कटरा क्षेत्र में 16 से 17 फीट नीचे भूमिगत सुरंग भी बनवाया था, जिसके अवशेष आज भी जमीन के अन्दर खुदाई के दौरान यत्र-तत्र पाये जाते हैं। गत् वर्ष स्थानीय

नगर पालिका के कटरा क्षेत्र के जिन दो स्थानों पर नलकूप की बोरिंग करायी गयी वह 17-18 फीट जाकर फेल हो गयी। कटरे में शाही कोठरियां के दक्षिण-पश्चिम भाग में शाही परिवार का आवास था। यहाँ इमाम खाना का अवशेष पिछले दिनों तक था। शाही परिवार के साजो-सामान खच्चरों पर लाद कर यहाँ लाये गये थे। इन्हें लाने वालों की पीढ़ी आज भी यहाँ आबाद है और खच्चरों से ही ढुलाई का काम करके अपना जीवन यापन करती है। मुगल परिवार के साथ मजदूर, कारीगर व अन्य प्रशिक्षित श्रमिक भी आये थे, जिन्होंने यहाँ बुनाई कला को जन्म दिया। हथकरघा बुनाई से सम्बद्ध सूत कातने वाले लोग यहाँ गोरखपुर से आकर आबाद हुए। उनके रहने के लिए दो मुहल्ला कतुआपुरा पूरब व कतुआपुरा पश्चिम बनाया गया। बताते हैं कि भाई औरंगजेब के नाम पर बेगम जहाँआरा ने एक नया मुहल्ला औरंगाबाद आबाद किया तथा मऊनाथ भंजन का नाम अपने नाम पर जहाँनाबाद कर दिया, लेकिन यह नाम लोकप्रिय न हो सका और मऊनाथ भंजन उत्तरोत्तर प्रगति करता रहा।।

उल्लेखनीय है कि जहाँआरा बेगम जब यहाँ नव निर्माण करा रही थी तो उनके साथ मजदूरों के अतिरिक्त जो लोग यहाँ आये उनमें अधिकांश दस्तकार थे और उनमें मुख्य वर्ग कपड़ा बनाने वालों का था जो यहाँ स्थायी रूप से आबाद हो गये। यहाँ आये अधिकांश दस्तकार ईरानी, अफगानी अथवा तुर्की मूल के थे। मऊ की स्थानीय भाषा जो अपने ढंग से निराली मानी जाती है, में अधिकांश शब्द फारसी, तुर्की व ईरानी भाषा के पाये जाते ह, जो आज अपना वास्तविक अर्थ खो चुके हैं।

अठ्ठारहवीं शताब्दी के आरम्भ में जौनपुर के शासन से पृथक करके इस भू-भाग को आजमगढ़ के राजा आजमशाह को दे दिया गया। आजमशाह और अजमत शाह दोन सगे भाई थे। आजमशाह ने आजमगढ़ अजमत शाह ने अजमतगढ़ बसाया।।

सन् 1801 में आजमगढ़ और मऊनाथ भंजन ईस्ट इंडिया कम्पनी को मिले और यह क्षेत्र गोरखपुर जनपद में शामिल कर लिया गया। सन् 1932 में आजमगढ़ स्वतन्त्र जिला बनाया गया जो स्वाधीनता के बाद 1988 तक कायम रहा। पूर्ववर्ती जिला आजमगढ़ जनपद में सबसे अधिक राजस्व की प्राप्ति मऊ से होती थी, किन्तु इसके विकास का प्रयास नगण्य था। जनपद मुख्यालय यहाँ से 45 कि.मी. दूर होने के कारण यहाँ के लोगों को भारी असुविधा का सामना करना पड़ता था। मऊ को जनपद बनाने की माँग कई वर्षों से होती रही जो अन्ततः 19 नवम्बर, 1988 को पूरी हुई और प्रदेश के मानचित्र में एक अलग जनपद के रूप में मऊ का सृजन हुआ।

सांस्कृतिक चेतना व इतिहास

मऊ सांस्कृतिक, साहित्यिक, राजनैतिक रूप से सदैव समृद्ध रहा, इसके अनेक प्रमाण मिलते है। प्रभु राम के वनगमन में तमसा तीर का वर्णन, अरण्य वन में माँ सीता का

स्थान वनदेवी, वाल्मीकि जी, का ज्ञान स्थल इस स्थान को और पवित्र बनाता है। यह गौतम ऋषि, देवल ऋषि की तपोस्थली भी रही है.

ज्ञान वट के पुष्प का ही तो नाम संस्कृति है। लक्कड़ बजा-बजा कर लोकगीत गाते नवयुवक, नाट्य मण्डलियों के राष्ट्रीय और सांस्कृतिक नाटक, विविध गोष्ठियाँ, निरन्तर 20 वर्षों तक चलने वाला हरि कीर्तन, सबके जनमानस की भावनाओं को पुष्ट करते हुए विविध धुनियों का ध्वनियों से रस-सिक्त करते है।

दोहरीघाट

मऊ जिला मुख्यालय से लगभग 43 किमी दूर उत्तरी सीमा पर स्थित ऐतिहासिक व पौराणिक स्थल दोहरीघाट के गौरीशंकर घाट पर स्थित शिव मंदिर आज भी आस्था का केंद्र बना हुआ है। यहाँ देर शाम तक दूर दराज से श्रद्घालुओं के आने का तांता लगा रहता है। मान्यता है कि शिवरात्रि के दिन जलाभिषेक करने से सभी मनोकामना पूरी हो जाती है। शिवरात्रि के दिन मेले का आयोजन किया जाता है।

यहाँ दो मंदिर जैसे जानकी मंदिर और भगवान शिव और प्रसिद्ध घाट गौरी शंकर घाट स्थित है। दोहरीघाट (दो हरि) इस तथ्य से आता है कि दो विष्णु (हरि) अवतार यहाँ मिले थे—छठा अवतार भगवान परशुराम, और 7 वां अवतार भगवान श्री राम। सीता जी के स्वंयवर के दौरान देवों के देव महादेव शिव जी का धनुष टूटने पर उनके अनन्य भक्त भगवान परशुराम जी अत्यधिक क्रोधित हो गये, मिथिला से अयोध्या का मार्ग दोहरीघाट होकर ही प्राचीन काल में हुआ करता था। मिथिला से लौटते समय, सीता-राम के विवाह के बाद वहीं सरयू नदी के तट पर भगवान राम एवं भगवान परशुराम जी की भेंट हुई। यहीं पर राम-परशुराम संवाद हुआ। इस प्रकार इस ऐतिहासिक स्थान को दोहरीघाट (दो हरि घाट) के नाम से जाना जाता है। मऊ के दोहरीघाट नगर में घाघरा नदी के तट पर मुक्तिधाम मंदिर एवं पार्क है।

सतत् प्रवाहमान् पुण्य सलिला सरयू के पावन तट पर स्थित दोहरीघाट एक अति प्राचीन कस्बा है। मऊ जनपद की उत्तरी सीमा का अंतिम यह उपनगर गोरखपुर जनपद के अंतिम उपनगर बड़हलगंज का स्वागत करता हुआ एक पाँव पर खड़ा प्रतीत होता है, दोनों तटों के ये तपस्वी सरयूजल राशि के चंचल लहरों के साथ एक दो पग बढ़-बढ़ कर एक दूसरे का वन्दन अभिनन्दन करते हैं। दो उपनगरों के आमने-सामने यह सुरम्य स्थिति अन्यत्र दुर्लभ है। इधर रामघाट, ऐतिहासिक मुगलकालीन मस्जिद तो उधर लेढ़ा घाट और उसके धवल मंदिर ईश्वर अल्ला तेरे नाम की समन्वित मधुर धुन सुना-सुना कर सेतु रज्जु से जुटे ये दोनों उपनगर अपने-अपने निवासियों की आती-जाती अटूट पंक्तियों को देख निहाल हो जाते हैं।

हाँ, तो दोहरीघाट का नाम दोहरीघाट क्यों? इसलिए कि यहाँ दो हरियों का मिलन

हुआ था। शिव धनुषभंग कर क्रोधातुर भगवान परशुराम और शील, शक्ति सौन्दर्ययुक्त विवाहोपरान्त, पिता दशरथ, पत्नी सीता अनुज और अनुज बधुओं के साथ जनकपुर से लौटते हुए मर्यादा पुरषोत्तम राम का पुराण प्रसिद्ध मिलन यहीं हुआ था तभी से यह दोहरी है, नदी है तो घाटों का ठाट इसलिए इसका पूरा नाम है "दोहरीघाट"।

रसड़ी ग्राम स्थित हनुमान जी का प्राचीन मंदिर

यहाँ रामलीला का मंचन विगत कई शताब्दी से होता आ रहा है। यह आयोजन गाँव में धार्मिक सद्भावना एवं आस्था को सुदृढ़ करता आ रहा है।

यहाँ सभी जातियों एवं प्रथा के लोग दशहरा हर्षोउल्लास के साथ मनाते है। इस मंदिर में दर्शन करने सुदूर जगहों से भी लोग आते है. जैसा कि हम सभी को ज्ञात है की रामायण में तमसा नदी के तट को अरण्य वन का क्षेत्र कहाँ गया है जहाँ महर्षि बाल्मीकी की तपोभूमि रही एवं आश्रम भी रहा। अपने जिले में स्थित वनदेवी मंदिर भी इस बात का प्रमाण है की यह क्षेत्र महर्षि बाल्मीकी का आश्रम भी रहा, जहाँ माँ जानकी रही एवं लव-कुश ने भी जन्म लिया।

ऐसी मान्यता है की वन गमन के समय प्रभु राम इस क्षेत्र से होकर गए थे इसलिए इसके पास के स्थान को "रामबन" भी कहा जाता है। यहाँ स्थापित श्री हनुमान जी के विग्रह के बारें में भी अनेक मान्यताएँ है। यहाँ बहुत लम्बे समय से रामलीला का आयोजन होता रहा है और ये भी लोगो का स्वतंत्रता संग्राम के समय यहाँ के रामलीला मंच से ही ढेरो गतिविधियों, अंग्रेजो के विरोध की रणनीतियों व् अन्य कार्य निष्पादित होता था.

मोहम्मदाबाद गोहना स्थित कोठिया धाम

यह बरह्मऋषि श्री राम कृष्ण महाराज के स्थान पर कोठिया धाम नामक एक पवित्र एवं मनोरम तपोस्थली है जो जनपद में कोठिया धाम के नाम से प्रसिद्ध है यहाँ प्रति वर्ष कार्तिक माह में यज्ञ हवन पूजन का आयोजन लगातार कई दिनों तक होता है तथा आस पास के गावो एवं जनपद गोरखपुर, बलिया, आजमगढ़ के श्रद्धालु यहाँ आते है। यह धाम अत्यंत पवित्र एवं आस पास के लोगो के लिए एक तीर्थस्थली है जहा ऐसी मान्यता है की वर्षो पूर्व करपात्री महाराज जैसे लोग स्वयं आकर महाराज जी से शास्तार्थ करते थे।

नहुष कोट

सतयुगीन अयोध्या नरेश महाराज नहुष काल से लेकर मयार्दा पुरुषोत्तम श्रीराम के दारुण दुःख के बीच मानवीय संस्कृति की रक्षा का एकमात्र द्रष्टा जनपद के घोसी

स्थित नहुष कोट अनगिनत स्वर्णिम ऐतिहासिक तथ्यों को अपने गर्भ में छुपाए उपेक्षा दंश सहने को विवश है। अयोध्या राज्य के पूर्वी-उत्तरी छोर का अग्रदूत रहा यह कोट आज अतिक्रमण का शिकार है। पुरातत्व विभाग द्वारा खुदाई में प्राप्त ताम्र सिक्के, मृद भांड एवं अन्य मिली वस्तुओं के बहाने अपने ऐतिहासिक पक्ष को रेखाँकित करता यह कोट अपने अस्तित्व के संकट से जूझ रहा है।

अयोध्या के अधीन इस क्षेत्र के सामरिक महत्व को देखते हुए महाराज नहुष ने मिट्टी के इस कोट का निर्माण कराया था। अपने जीवन काल में महाराज ययाति, पुरुरवा, अज, दशरथ, मर्यादा पुरुषोत्तम श्रीराम के वंशजों के राज्य काल का यह कोट साक्षी है। पुरातत्व विभाग की खुदाई में मिले ताम्र पत्र, सिक्के, मृद भांड सहित मिली अनेक वस्तुएं इसकी ऐतिहासिकता कुषाणकालीन प्रमाणित करती हैं। कुछ वर्ष पूर्व महज पाँच फीट की गहराई पर मिली कुषाण काल की प्रतिमाएं एवं किले पर बिखरे टेराकोटा के बर्तनों के अवशेष इसकी पुरातात्विक महत्ता का संकेत देते है। 30 जून 2010 को कोट पर केंद्रीय भूमि जल बोर्ड की खोदाई के दौरान मिली मिट्टी की बनी नक्काशीदार प्रतिमाओं के अवशेष कुषाण काल से भी एक हजार वर्ष पूर्व की होने का अनुमान लगाया जाता है। नाग की छतरी मिलने से स्पष्ट है कि घोसी का अस्तित्व आर्यावर्त के प्रमुख राजा सम्राट वीरसेन स्थापित नागवंश काल में भी था। सिंधु घाटी की सभ्यता के लिपिवेत्ता एवं स्वतंत्र रिसर्चर वीरेंद्र कुमार झा कोट पर मिले हड्डी के टुकड़ों की फोरेसिक जांच के बाद ही सही काल गणना किये जाने की बात करते है पर इस कोट के हजारों वर्ष पूर्व भी आबाद होने का दावा करते है। यहाँ से 13 किमी दूर गोंठा में तो बौद्धकालीन गोष्ठी स्थल पर आज भी कुषाणकालीन प्रतिमा मौजूद है। बौद्ध साहित्य के मर्मज्ञ महापंडित राहुल सांस्कृत्यायन ने भी इस गाँव का जिक्र किया है। यहीं पर भगवान बुद्ध ने भाई आयुष्मान नंद को धम्म का उपदेश दिया था। घोसी से कुछ ही दूर स्थित है पकड़ी का विशाल ताल जहाँ आज भी विदेशी पक्षी आते है। ताल में नौकायन की तमाम संभावनाएं है। यहाँ पर खिलने वाले कमल पुष्पों की अलग ही पहचान है। ऐसे में इस क्षेत्र में निर्विवाद रूप से पर्यटन की तमाम संभावनाएं छिपी है। ऐसे में इस क्षेत्र को पर्यटन स्थल का रूप मिला तो निश्चित ही विकास भी होना तय है।

देवलास

जनपद का प्रमुख पौराणिक व ऐतिहासिक स्थल है। देवलास जैसा कि इसके नाम से ही स्पष्ट है कि महर्षि देवल की तपोभूमि रही है। महर्षि देवल ब्रह्मा के पाँच पुत्रों में सबसे छोटे थे। यहाँ प्रतिवर्ष ललही छठ पर विशाल मेला लगता है। बताते हैं कि भगवान राम ने यहाँ सूर्य देवता की उपासना करने के बाद अपने हाथों से सूर्य मन्दिर के निर्माण हेतु आधारशिला रखी थी। इस सूर्य मन्दिर का निर्माण तत्कालीन राजाओं ने कराया। सूर्य

की मूर्ति, कलश अथवा अन्य मूर्तियाँ यहाँ खुदाई में प्राप्त हुई हैं। पूरे देश में पाँच स्थानों पर भगवान सूर्य का मन्दिर है। जिसमें से एक यहाँ देवलास धाम में अवस्थित है।

घोसी से मुहम्मदाबाद गोहना जाने वाली सड़क पर नदवासराय से आगे बढ़ने पर यहाँ मन्दिरों की श्रृंखला बरबस ध्यान आकृष्ट करती है। यहाँ प्रायः सभी जातियों के अपने अलग-अलग मन्दिर है किन्तु मन्दिर के द्वार सभी के लिए खुले हैं। पूजापाठ में किसी तरह का भेदभाव नहीं है। सभी मन्दिरों में हिन्दू देवी-देवताओं की मूर्तियां प्रतिस्थापित है। किवंदतियों के अनुसार भगवान राम के वनगमन के पहले पड़ाव का साक्षी देवलास ही था। अपनी वन यात्रा का पहला पड़ाव भगवान श्रीराम ने यहीं रखा था। उस समय तमसा नदी देवलास के पास ही बहा करती थी।

बेलौली धाम

बियावान और निर्जनता के घेरे में अपनी आलौकिक छठा से आगंतुकों को आकर्षित करने वाला यह ऐतिहासिक स्थल अपने धार्मिक महत्व के कारण ही "धाम" के रूप में जाना जाता है–"बेलौली धाम"। क्षेत्र के लोगों के लिए चार धामों की तरह का ही एक पवित्र धार्मिक स्थल था किन्तु अव्यवस्था के कारण धीरे-धीरे यहाँ सन्नाटा पसरता गया। दोहरीघाट से 7 किलोमीटर आगे मधुबन मार्ग से एक कि.मी. उत्तर अवस्थित है।

यहाँ भगवान लक्ष्मण का एक प्राचीन मन्दिर है। मंदिर में स्थापित भगवान लक्ष्मण की आलौकिक एवं भव्य मूर्ति सहज ही लोगों को आकर्षित करती है। एक दशक पूर्व यहाँ दर्शनार्थियों का दिन-रात तांता लगा रहता था। भण्डारे की आग 24 घण्टे जला करती थी लेकिन अब पहले जैसी भीड़ नहीं होती।

किवंदतियों के अनुसार बेलौली धाम पहले घोर-घना जंगल था। रसूलपुर रियासत घुड़साल बनाने के लिए जंगल साफ करा रही थी। उसी समय जमीन के अन्दर यह प्रतिमा मिली थी। खुदाई के दौरान फावड़े से चोट लग जाने के कारण मूर्ति के ललाट से खून निकलने लगा जिसे देखकर लोग आश्चर्य में पड़ गये। दयाल दास नामक एक व्यक्ति ने मूर्ति उठा ली। बाद में वहाँ एक भव्य मंदिर बनाकर वह मूर्ति प्रतिस्थपित की गयी जो आज भी भक्तों के श्रद्धा व विश्वास का केन्द्र बनी हुई है। यहाँ जुलाई से अगस्त तक प्रत्येक वृहस्पतिवार को विशाल मेला लगता है। भगवान लक्ष्मण की मूर्ति का शिल्प अद्भूत है। कुछ लोग इसे भगवान विष्णु की मूर्ति भी बताते है।

पाण्डवों से सम्बन्धित खुरहट

जनपद मुख्यालय से लगभग 10 किलोमीटर दूर बलिया-आजमगढ़ मार्ग पर तमसा नदी के किनारे स्थित ग्राम खुरहट को पाण्डवों के आश्रय स्थल के रूप में माना जाता है। जनश्रुति के अनुसार आज से लगभग पाँच हजार वर्ष पूर्व महाभारत काल में जब पाण्डव

अपने अज्ञातवास की अवधि गुजार रहे थे तब उन्होंने यहाँ विश्राम किया था। जब वे यहाँ से चलने को हुए तो उनकी गायें चलने में असमर्थ थी। उन्हें खुरपका रोग लग गया था। परिणामस्वरूप बाध्य होकर पाण्डवों को यहाँ कुछ दिनों तक रुकना पड़ा। चूँकि सामूहिक रूप से गायों को यहाँ खुरपका रोग हुआ था, इसलिए इस स्थान को खुरपका कहा जाने लगा, जो कालान्तर में खुरहट हो गया। आज भी खुरहट बाजार के उत्तर तरफ ऐतिहासिक पोखरा तथा कुटी अपनी रमणीयता और प्राकृतिक सौन्दर्य को संजोये हुए है।

यहाँ तमसा तट पर अवस्थित विशाल वटवृक्ष पाण्डवों के अज्ञातवास का साक्षी बताया जाता है। जनश्रुति के अनुसार गायों को चराते हुए पाण्डव इसी वटवृक्ष के नीचे आराम किया करते थे। इस विशाल वट वृक्ष की सुन्दरता आज भी देखते ही बनती है।

श्री पवहारी बाबा की कुटी

यह कुटी महुआर में स्थित है। लोगो में इस कुटी के प्रति अटूट श्रद्धा है। पुरे मऊ जिले के लोग यहाँ आते है। स्वतंत्रता संग्राम में इस कुटी का उपयोग अंग्रेजो के प्रति अपनी रणनीतियों को बनाने में किया जाता था।

भीतिया ब्रह्मस्थान—यह मर्यादपुर में स्थित है एवं जल्द ही उत्तर प्रदेश की सरकार द्वारा इसके सुंदरीकरण का प्रस्ताव स्वीकृत हुआ है। यहाँ हर वर्ष मेले का आयोजन होता है। यहाँ अनेको शृद्धालु आते है एवं इस स्थान के विशेष मान्यता भी है।

देई माई का मन्दिर

खुरहट के ही समीप सिरियापुर में देवी माँ का मन्दिर लोगों के श्रद्धा एवं विश्वास का केन्द्र है। लगभग 2000 वर्ष पूर्व का यह शक्ति केन्द्र हाथी पर सवार सीता माता की अनुपम प्रतिमा के लिए भी प्रसिद्ध है। श्रद्धालुओं का विश्वास है कि उनकी यहाँ की गयी मनौती अवश्य पूरी होती है। यहाँ प्रत्येक मंगलवार एवं रविवार को दर्शन-पूजन का विशेष आयोजन होता है।

ऐसी मान्यता है कि मन्दिर क्षेत्र में जो एक बार धुआँ देख लेता है तो उसे चढ़ावा देना जरूरी होता है।

वनदेवी का प्रसिद्ध मन्दिर

जनपद मुख्यालय से लगभग 12 किलोमीटर दूर दक्षिण पश्चिम दिशा में प्रकृति के मनोरम एवं रमणीय परिवेश में स्थित है जगत जननी सीता माता का मन्दिर वनदेवी। आज यह स्थान श्रद्धालुओं के आकर्षण का केन्द्र बिन्दु है। वनदेवी मन्दिर अपनी प्राकृतिक गरिमा के साथ-साथ पौराणिक एवं सांस्कृतिक मूल्यों का प्रेरणा स्रोत भी है। जनश्रुतियों

एवं भौगोलिक साक्ष्यों के आधार पर यह स्थान महर्षि बाल्मिकी की साधना स्थली के रूप में विख्यात रहा है। महर्षि का आवास इसी स्थान के आस-पास कहीं रहा होगा। कहा जाता है कि माता सीता ने भी अपने अखण्ड पतिव्रत धर्म का पालन करते हुए यहीं पर अपने पुत्रों लव-कुश को जन्म दिया था। यह स्थान साहित्य साधना के आदि पुरुष महर्षि बाल्मिकी एवं सम्पूर्ण भारतीयता का प्रतीक भगवान राम तथा माता सीता से जुड़ा हुआ है।

जनश्रुति के अनुसार नर्वर के रहने वाले सिधनुआ बाबा को स्वप्न दिखाई दिया कि देवी की प्रतिमा जंगल में जमीन के अनदर दबी पड़ी है। देवी ने बाबा को उक्त स्थल की खुदाई कर पूजा पाठ का निर्देश दिया। स्वप्न के अनुसार बाबा ने निर्धारित स्थल पर खुदाई प्रारम्भ की तो उन्हें मूर्ति दिखाई दी। बाबा के फावड़े की चोट से मूर्ति क्षतिग्रस्त भी हो गयी। बाबा जीवन पर्यन्त वहाँ पूजन-अर्चन करते रहे। वृद्धावस्था में उन्होंने उक्त मूर्ति को अपने घर लाकर स्थापित करना चाहा लेकन वे सफल नहीं हुए और वहीं उनका प्राणांत हो गया। बाद में वहाँ मन्दिर बनवाया गया। वनदेवी मन्दिर अनेक साधु-महात्मा एवं साधकों की तपस्थली भी रहा है। इस क्षेत्र में रहे अनेक साधु-महात्माओं में लहरी बाबा की विशेष ख्याति है। यहाँ श्रद्धालुओं को मानसिक एवं शारीरिक व्याधि से छुटकारा मिलता है।

यहाँ के साधकों के तीसरी पीढ़ी में बाबा दशरथ दास का नाम बड़े आदर से लिया जाता है। ये अपनी अपूर्व एवं आलौकिक सिद्धियों के कारण विशेष चर्चित रहे है। एक बार यहाँ आये दर्शनार्थियों का एक बालक कुएँ में गिर गया और उसकी मृत्यु हो गयी। मृत बालक के शव को लेकर रोते-बिलखते उसके माता-पिता व अन्य लोग बाबा दशरथ के पास पहुँचे। बाबा ने अपने तपोबल से उसे जीवित कर दिया। बाबा ने यहाँ बलि प्रथा बंद करायी तथा धार्मिक एवं सामाजिक सुधार के बड़े महत्वपूर्ण कार्य कराये।

यहाँ श्रद्धालुजन वर्ष पर्यन्त आते रहते हैं लेकिन अश्विन एवं चौत्र नवरात्रि में जन सैलाब उमड़ पड़ता है। चौत्र राम नवमी के अवसर पर यहाँ विशाल मेले का भी आयोजन होता है जो कई दिनों तक चलता रहता है। माँ वनदेवी का पवित्रधाम आजकल सामूहिक विवाह संस्कार केन्द्र के रूप में विशेष ख्याति अर्जित कर रहा है। यहाँ प्रतिवर्ष सैकड़ों युवक-युवतियाँ माँ वनदेवी के आशीर्वाद की छाँव में अपना नवजीवन प्रारम्भ करते है। लगन के दिनों में यहाँ का दृश्य देखने लायक होता है। बाह्य आडम्बर एवं तड़क-भड़क से दूर श्री माँ के चरणों में नवजीवन की शपथ लेने वाले नवयुवकों की संख्या दिन-प्रतिदिन बढ़ती जा रही है।

सामाजिक-वानिकी एवं वन विभाग ने यहाँ मनोरंजन पार्क बनाकर इसे और आकर्षक बना दिया है। यहाँ एक छोटा चिड़ियाघर भी है जो बच्चों को सहज ही आकर्षित करता है। पर्यटन की दृष्टि से इसे और विकसित किया जा सकता है

महाराजा पिथौरागढ़ द्वारा निर्मित भगवान शंकर मन्दिर

जनपद मुख्यालय से लगभग 10 किलोमीटर दूर वाराणसी-गोरखपुर राजमार्ग पर कोपागंज नगर के प्रवेश मार्ग पर स्थित है। आशुतोष भगवान शंकर का ऐतिहासिक मंदिर जिसका निर्माण महाराजा पिथौरागढ़ ने कराया था।

बताया जाता है कि महाराजा पिथौरागढ़ को कुष्ठ रोग हो गया था जो तमाम उपचार के बावजूद भी ठीक नहीं हो रहा था। महाराजा अपने अंग रक्षकों के साथ योगी के दर्शनार्थ गोरखपुर जा रहे थे। उनका काफिला उक्त स्थान पर ही रूका जहाँ बड़ा सा मैदान एवं छोटा सा पोखरा था। शौचादि से निवृत्त होने के बाद महाराजा जब स्नान के लिए पोखरे में उतरे तो चमत्कारिक ढंग से उन्हें काफी आराम मिला। अन्तः प्रेरणा व साथियों की सलाह पर महाराज ने अपनी यात्रा कुछ दिनों के लिए स्थगित कर दी और प्रतिदिन उसी पोखरे में स्नान करते रहे तथा अधिकाधिक उसके जल का सेवन किया। पोखरे के जल में स्नान से महाराज को काफी लाभ मिला, उनका कुष्ठ रोग जाता रहा और वे पूरी तरह स्वस्थ्य हो गये।

कुतूहलवश महाराजा ने उस स्थान की खुदाई करायी। खुदाई में वहाँ एक शिवलिंग मिला। महाराज ने इस शिवलिंग की विधिवत पूजा-अर्चना की तथा यहाँ मंदिर का निर्माण कराया। इस मंदिर की बनावट ऐसी है कि यह प्राकृतिक रूप से वातानुकूलित हैं ग्रीष्म ऋतु में यह पूरी तरह शीतल तथा शीतकाल में गर्म रहता है। यहाँ प्रतिदिन श्रद्धालु आते हैं और प्रतिवर्ष शिवरात्रि पर एक विशाल मेला लगता है।

पकड़ी ताल

750 एकड़ में फैले घोसी के समीप 'पकड़ी ताल' के सौंदर्य का वर्णन मुश्किल है। यह एक अत्यंत बड़ा ताल है इसमें कमल के फूल की खेती, कमल, मखाना और कमल गट्टा के व्यवसाय के साथ ही यहाँ विविध प्रकार की खेती, मत्स्यपालन एवं पर्यटन की असीम संभावनाओं के साथ यह क्षेत्र रोजगार की ढेर सारी संभावनाएँ व आर्थिक उन्नति का द्वार खोल सकता है।

इस ताल का जो अनोखा और नैसर्गिक सौन्दर्य है, वह कदाचित् किसी दूसरे ताल का नहीं है। यहाँ खिले फूल का गहरा रंग और सुंदर आकार मन को मोह लेता है।

माँ शीतला माता जी का मंदिर मऊ

शीतला माता मंदिर मऊ जिले का प्रसिद्ध मंदिर है। यह मंदिर मुख्य मऊ जिले में स्थित है। यह मंदिर प्राचीन है। यह मंदिर बहुत सुंदर है और बहुत बड़े क्षेत्र में फैला हुआ है। यहाँ पर एक बड़ी सी झील है, जिसके बीच में फव्वारा लगा हुआ है। झील में बहुत सारे

बदक भी घूमते रहते हैं। यहाँ पर झील में बहुत बड़ी-बड़ी मछलियां भी हैं। आप यहाँ पर मछलियों को खाना भी खिला सकते हैं। यहाँ पर शांति से बैठ जा सकता है। मंदिर में शीतला माता के दर्शन करने के लिए मिलते हैं, जो बहुत ही सुंदर लगती हैं। शीतला माता की प्रतिमा बहुत सुंदर है और आप यहाँ पर आकर दर्शन कर सकते हैं। यहाँ पर और भी बहुत सारे देवी देवताओं के दर्शन करने के लिए मिलते हैं। यहाँ पर हनुमान जी की प्रतिमा देखने के लिए मिलती है, जो लेटी हुई अवस्था में है।

आप यहाँ आकर हनुमान जी के दर्शन कर सकते हैं। यहाँ पर शिव मूर्ति के भी दर्शन करने के लिए मिलते हैं। नवरात्रि के समय यहाँ बहुत ज्यादा भीड़ रहती है। बहुत सारे भक्त यहाँ पर माता के दर्शन करने के लिए आते हैं

बारहदुआरिया शिव मंदिर मऊ

बारहदुआरिया शिव मंदिर मऊ जिले का एक प्रसिद्ध मंदिर है। यह प्राचीन मंदिर है। इस मंदिर को लेकर बहुत सारे धार्मिक मान्यताएं प्रसिद्ध है। यह मंदिर तमसा नदी के किनारे बना हुआ है। यह मंदिर शिव भगवान जी को समर्पित है। इस मंदिर में 12 द्वार देखने के लिए मिलते हैं इसलिए इस मंदिर को बारहदुआरिया मंदिर के नाम से जाना जाता है।

बारहदुआरिया मंदिर मऊ जिले के नौसेमर गाँव में स्थित है। यह तमसा नदी के बाएं किनारे पर बना हुआ है। मंदिर के गर्भ गृह में शिवलिंग स्थापित है। कहा जाता है, कि जब भगवान राम विश्वामित्र के साथ ताड़का वध के लिए बक्सर के जंगल में जा रहे थे। तभी शाम को यहीं पर उन्होंने भगवान शिव की आराधना की और एक शिवलिंग स्थापित किया था। इस मंदिर में, जो भी लोग अपनी मनोकामना माँगता है उसकी मनोकामना जरूर पूरी होती है। यहाँ पर सावन सोमवार, कार्तिक पूर्णिमा और शिवरात्रि पर बहुत बड़ा मेला लगता है और बहुत सारे लोग भगवान शिव के दर्शन करने के लिए आते हैं।

दरगाह में मीरा शाह की ऐतिहासिक मजार

जनपद की तहसील मधुबन से 05 कि.मी. दूर मधुबन-दोहरीघाट मार्ग पर स्थित दरगाह कस्बे के उत्तर एक मजार है। यहाँ पहुँचने वाले हर व्यक्ति का सिर श्रद्धा से झुक जाता है। यहाँ लोग मीरा शाह के किसी सैय्यद की मजार के समक्ष श्रद्धानत होते हैं, मिन्नते माँगते है और वापस लौट जाते है। लेकिन सैय्यद मीरा शाह कौन थे? यह अभी भी बहुत कम लोग जानते हैं।

इस मजार और दरगाह के इतिहास को जानने के लिए 10वीं और 11वीं शताब्दी की ओर लौटना होगा। इस संदर्भ में शेख वजेहुद्दीन अशरफ लखनौरी द्वारा लिखित मशहूर फारसी पुस्तक ''बहरेजख्वार'' में काफी कुछ सामग्री मिलती है। पुस्तक में वर्णित तथ्यों

के अनुसार दरगाह में उन्हीं सैय्यद मीरा शाह की मजार है, जिनके आशीर्वाद से तैमूरलंग को सात पीढ़ी तक शासन का अवसर मिला था। इतना ही नहीं दिल्ली के सम्राट शेरशाह सूरी को भी मीराशाह का आशीर्वाद प्राप्त था।

मीराशाह का पूरा नाम ''हजरत सैय्यद अहमद वादपां'' है। इन्होंने कोल्हुआवन दरगाह में आकर अपना आसन जमाया और लोगों के बीच प्रतिष्ठित हो गये। इनकी प्रसिद्धि दूर-दूर तक फैल गयी। दूर-दूर से राजा-महाराजा प्रभावित होकर मीराशाह के शिष्य बनने लगे। लिपिबद्ध किवंदतियों के अनुसार मीरा शाह हजरत बदेउद्दीन कुतुब मदार के शिष्य थे। ऐसा कहा जाता है कि एक बार ये समरकंद होते हुए भारत आ रहे थे। मार्ग में इन्होंने खाना-पीना छोड़ दिया था। इस बात का पता जब इनके गुरू कुतुब मदार को लगा तो उन्होंने इन्हें बताया कि तुम दक्षिण दिशा की ओर जाओ, वहाँ तुम्हें पानी का एक झरना मिलेगा और उसके किनारे हरे-भरे पेड़ मिलेंगे। पेड़ों की छाया में एक व्यक्ति अपने सात मित्रों का इंतजार कर रहा होगा उसके पास सात व्यक्तियों का भोजन है और वह भोजन तुम्हारे नाम का है। तुम अल्लाह का नाम लेकर भोजन करना और उसे सात पुस्तों का राज या सात देशों का राजा बनने का आशीर्वाद देना। हुआ भी ऐसा ही जब मीरा शाह वहाँ पहुँचे तो उन्हें एक व्यक्ति ने भोजन कराया और शाह ने वैसा ही आर्शीवाद दिया। यह व्यक्ति तैमूर लंग था

एक अन्य प्रकरण में अपनी विमाता के दुर्व्यहार से क्षुब्ध होकर शेरशाह सूरी भी सैय्यद मीराशाह की शरण में आया और अपना दुख-दर्द सुनाकर दुआ के लिए प्रार्थना की। वह सैय्यद के सामने खड़ा था। बड़ी देर बाद सैय्यद ने उसकी ओर देखा और कहा बैठ जाओ। किन्तु वह खड़ा ही रहा। दो बार ऐसा ही हुआ, जब तीसरी बार शेरशाह सूरी नहीं बैठा तब सैय्यद ने गुस्से में बैठने अथवा चले जाने के लिए कहा। डर के मारे काँपते हुए शेरशाह बैठ गया। तब सैय्यद ने कहा जाओ, तुम्हारी जागीर फिर मिल जायेगी और तुम हिन्दुस्तान के बादशाह भी बन जाओगे। उन्होंने शेरशाह को कुछ शिक्षा दी और उसे वापस जाने के लिए कहा। उन्होंने यह भी कहा कि तुम अपनी पहली सन्तान हमारी सेवा में दे देना।

बादशाह बनने के बाद शेरशाह उनकी शर्त पूरी की। उसने यहाँ रौजे का निर्माण कराया, उसके चारो ओर पुख्ता दीवाल बनायी गयी। दीवाल के चारो कोनों पर मीनार बनायी गयी। बीच में मीरा शाह के लिए एक चबुतरा बना। रौजा के पूर्वी ओर एक तालाब है, जिसमें एक सोता द्वारा पानी गिरता रहता है। यह तालाब कभी सुखता नहीं है। तालाब के विषय में लोगों का कहना है कि सैय्यद साहब दातून करके गाड़ दिये और वहाँ से पानी का सोता फूट पड़ा जो आज भी जारी है। पाताल गंगा के नाम से प्रचलित इस सोते के जल से लोग वजू करते है, मवेशी पानी पीते है तथा कुत्ता काटने पर इसे लगाकर लोग निरोग होते है।

शेरशाह ने मीराशाह की सेवा में अपनी पुत्री माहबानो को भेजा। ये किले में ठहरी और पूजा-अर्चना करने में लीन हो गयी। शेरशाह अपनी पुत्री के साथ सात सप्ताह तक वहाँ रूका रहा। तभी से यहाँ क्रमशः ज्येष्ठ मास के आखिरी वृहष्पतिवार से सात वृहस्पतिवार तक एक विशाल मेला लगता है। यहाँ माहबानों की मजार आज भी मौजूद है। जिस चबूतरे पर मीराशाह बैठते थे वह चबूतरा भी है, किन्तु किले की दीवार जर्जर हो चुकी है। क्षेत्रीय लोगों का मानना है कि मीराशाह आज भी हर रात अपने चबूतरे पर बैठते हैं। मीरा शाह के लम्बे जीवनकाल को लेकर तरह-तरह की कहानी प्रचलित है। यहाँ हर वर्ग के लोग आते हैं, और मनौती माँगते है तथा चादर चढ़ाते है। यहाँ आने वालों को सकून मिलता है और सुख-शान्ति की अनुभूति होती है।

बाबा सरयूदास अनाथाश्रम

जनपद मऊ सदैव से ऋषियों-महर्षियों, साधू-महात्मा एवं संत पुरूषों की धर्मस्थली रही है। यहाँ ऋषियों-मुनियों व साधु-संतों ने धार्मिक उपदेशों के साथ-साथ जनसेवा की है तथा इस अंचल को अपनी कर्मभूमि बनाया। जनपद के विभिन्न अंचलों में इस तरह के स्थान है। ऐसा ही एक स्थान है करजौली जो बाबा सरयू दास की कर्मस्थली रहा।

मऊ-आजमगढ़ मार्ग पर खुरहट से आगे मुख्य मार्ग से लगभग पाँच किलोमीटर दूर करजौली को सुप्रसिद्ध संत बाबा सरयूदास ने अपनी साधना स्थली बनाया था। मानव मात्र को प्रेम-सहयोग एवं सत्संग का संदेश देता अनाथाश्रम पिछले लगभग एक सौ वर्ष से संचालित है। आश्रम की 100 एकड़ भूमि में स्थानीय लोगों के कब्जे से अवशेष बची 56 एकड़ भूमि का जनहित में प्रयोग किया जा सकता है।

ऐतिहासिक गाँव सूरजपुर

राजसी संस्कृति और जमींदारी ठाट-बाठ की आबो-हवा में रचा बसा ऐतिहासिक गाँव सूरजपुर अपने अतीत के चलते आज भी चर्चा का केन्द्र है। ऐतिहासिकता की दृष्टि से सूरजमल शाह के नाम पर बसा जमींदारों का यह गाँव अपने खान-पान और रहन-सहन से राजघरानों के समकक्ष हुआ करता था। अपने अतीत की चर्चा से बरबस ही कौतूहल पैदा कर देता है। किवंदन्ती के अनुसार सूरजपुर अयोध्या की अंतिम सीमा थी। यहीं पर अयोध्या के दसवां फाटक स्थित था,जिसे अलफटकी घाट कहा जाता हैं यहीं से दशरथ जी ने श्रवण कुमार को तीर मारा था। बताते हैं कि फटकी घाट से ही दस कदम दूर एक पीपल का वृक्ष है,जहाँ श्रवण के अंधे माता-पिता ने श्रवण वियोग में दशरथ को श्राप देकर दम तोड़ दिया था।

कालान्तर में यह स्थान अंधरा कुण्ड के नाम से विख्यात हो गया। यहाँ से एक किलोमीटर दूर दक्षिण-पश्चिम के कोने पर एक आबे-हिरन था। जहाँ जंगल के जीव-जंतु

पानी पीते थे। यहीं श्रणव ने प्यासे माता-पिता को पानी पिलाने के लिए कमण्डल डुबोया था, कि आवाज सुनकर दशरथ ने तीर चला दिया। आबे-हिरन का नाम बदलते हुए अब अभिरन के नाम से जाना जाने लगा है। यद्यपि यह स्थान बहुत ही महत्त्वपूर्ण है लेकिन बड़े पैमाने पर इसकी चर्चा न हो पाने के कारण ग्रामवासियों की किवंदन्तीयों तक ही सिमट कर रह गया है। यहाँ पीपल का वह वृक्ष अब भी विद्यमान है जहाँ अन्धी-अन्धा ने दम तोड़ा था। दशरथ जी ने जहाँ से तीर चलाया था उस स्थान का नाम ''सर-छोड़ा'' पड़ा किन्तु अब वह सरफोरा के नाम से जाना जाने लगा है। रामायण की गाथाओं में राम वन गमन प्रसंग अंधी-अंधा के शाप का ही परिणाम रहा है और उसकी पृष्ठभूमि सूरजपुर में ही रची गयी।

सूरजपुर के ऐतिहासिक अतीत की ओर किसी इतिहासविद् का ध्यान न जाना ही ऐसे प्रसंगों की उपेक्षा का कारण रहा है। वैसे भी इस गाँव का अतीत एवं गौरवमयी इतिहास ही है क्योंकि आजादी की लड़ाई में भी इस गाँव का कम योगदान नहीं रहा हैं इस गाँव के लोगों पर अनगिनत बार ब्रिटिशिया दमन हुआ और आजादी के दीवाने ने बड़ी से बड़ी कुर्बानी दी थी। यहीं के लोगों ने छिछोर ट्रेन डकैती कांड में अपनी प्रमुख भूमिका निभायी थी जिसका नेत्तृत्व कामरेड जय बहादुर सिंह ने किया था। आजाद हिन्द फौज के लेफ्टीनेन्ट चन्द्रदेव राय इसी गाँव के थे जिनकी बहादुरी के चर्चे आज भी हुआ करते हैं।

साम्प्रदायिक सद्भाव का प्रतीक परहेजी बाबा की मजार

रहिमन संगत साधु की, ज्यों गन्धी का वास।
जो कुछ गंधी दे नहीं, तो भी बास सुवास।।

भक्त कवि रहीम की उक्त पंक्तियाँ जीवंत हो उठती है सूफी संत परहेजी बाबा के मजार के सानिध्य में आते ही। बाबा के मजार के चारो तरफ फैला शांति-सद्भाव का आभामय वातावरण दर्शनार्थियों के नेक नीयत एवं शांति की अद्भुत भावना का संचार करता है। प्रेम-भक्ति, विश्वास और शांति का संदेश देती परहेजी बाबा की मजार सम्भवतः हिन्दुस्तान की पहली किसी सिद्ध पुरुष की मजार होगी जिसके बगल में एक हिन्दू बालक की भी मजार बनी हुई है। बाबा के साथ-साथ हिन्दू बालक की मजार पर भी लोग मत्था टेकते हैं और मन्नते मानते है।

लगभग 500 वर्ष पूर्व इस क्षेत्र को अपनी साधना स्थली बनाने वाले परहेजी बाबा के नाम विख्यात सूफी संत सैय्यद नूर मुहम्मद पवित्र शहर मक्का से लगभग 600 वर्ष पूर्व अपने सहयोगियों के साथ चले और हिन्दुस्तान में घूमते-घूमते इस सघन वन व ताल क्षेत्र को अपनी कर्मस्थली बना लिया जहाँ इन्होंने अपनी इहलीला का समापन किया था।

जनपद मुख्यालय से लगभग 30 किलोमीटर दूर शहीद मार्ग जहाँ मधुबन-बेल्थरा मार्ग को जोड़ता है वहीं से कुछ ही दूरी पर पूरब तरफ मुख्य मार्ग के निकट ही पावन तालाब (तालरतोय) के किनारे स्थित है सूफी संत परहेजी बाबा की मजार।

सैय्यद नूर मुहम्मद की ख्याति उनके यहाँ आने के साथ ही दूर-दूर फैलनी शुरू हो गयी थी। वे अपना अधिकांश समय खुदा की ईबादत व दीन दुखियों की सेवा में लगाते थे। सभी दुर्गुणों-व्यसनों व तामसिक प्रवृत्तियों से पूरी तरह परहेज रखने के कारण ही सैय्यद नूर मुहम्मद साहब कालांतर में परहेजी बाबा के रूप में ख्याति प्राप्त हुए। खुदा की इबादत एवं लोक मंगल यह दो ही काम परहेजी बाबा के सामने थे। वे अपने कामों के प्रति इस हद तक दीवाने हो जाते थे कि उन्हें अपनी सुधि-बुधि ही नहीं रह जाती। उनके मस्तानेपन व दीवानगी को देखते हुए आस-पास के लोग उन्हें दीवाने बाबा के रूप में भी प्रेम व श्रद्धा से पुकारते थे। परहेजी बाबा के लोक कल्याण के हजारो किस्से व उनकी दैवीय शक्तियों का बखान करने वाली किवंदन्तीयाँ आस-पास के लोग बड़े ही मनोयोग से एक दूसरे को सुनते सुनाते हैं। जनश्रुति के अनुसार अपने जीवन काल में परहेजी बाबा ने कभी अपने दरबार में आने वाले मुरीद को निराश नहीं किया था।

आज भी बाबा की मजार पर पहुँचने वालों को उनका आशीर्वाद मिलता है, हृदय से माँगी गयी लोगों की मुराद पूरी होती है। यूँ तो यहाँ प्रत्येक वृहष्पतिवार को मेला लगता है लेकिन ईद के दूसरे दिन लगने वाले उर्स का ऐतिहासिक महत्व है। आस-पास के मल्लाह विरादरी के लोगों द्वारा चुने हुए दिनों में यहाँ लंगर चलाने की परम्परा आज भी कायम है। बाबा की मजार पर मत्था टेकने पर असीम शांति व सुकुन की अनुभूति होती है।

इसके अतिरिक्त मधुबन थानान्तर्गत ग्राम उन्दुरा में भी दो सुप्रसिद्ध मुस्लिम संतों की मजार है जो श्रद्धालुओं को पारलौकिक कष्टों से मुक्ति दिलाती है। शाह मुहम्मद मोइनुद्दीन रहमतुल्लाह व शाह मुहम्मद मुख्तार अहमद रहमतुल्लाह की मजार पर भूत-प्रेत व शाप ग्रस्त लोगों को शांति मिलती है। यहाँ काफी दूर-दूर से लोग आते हैं।

ऐतिहासिक मस्जिद

कोपागंज में ही स्थित जामा मस्जिद लगभग 400 वर्ष पुरानी बतायी जाती है। मस्जिद की छः फुट चौड़ी दीवाल एव इसकी निर्माण कला अद्‌भुत है। इसका निर्माण नवाब खुदा बख्श ने करवाया था।

नगर के उत्तरी छोर पर एक अन्य प्राचीन भवन स्थित है। कदम रसूल नाम से प्रसिद्ध इस इमारत का निर्माण काल सन् 1600 के आस-पास बताया जाता है। शीया मुसलमान इसे पवित्र मानते है तथा जुमेरात वृहस्पतिवार को यहाँ अगरबत्ती आदि जलाकर विशेष प्रार्थना करते हैं।

बौद्ध बिहार गोंठा

ईसा पूर्व जब भारत-भू-भाग पर तथागत गौतम बुद्ध के संदेशों का प्रचार-प्रसार बौद्ध मठों के माध्यम से होने लगा तो उससे यह क्षेत्र भी अछूता नहीं रहा। इस क्षेत्र में एक प्राचीन व एक आधुनिक बौद्ध केन्द्र प्रकाश में आता है। प्राचीन केन्द्र के रूप में गोंठा की विशेष चर्चा है। यह नगरी वाराणसी-गोरखपुर-कुशीनगर मार्ग पर सारनाथ से लगभग 130 कि.मी. तथा मऊ जनपद मुख्यालय से 34 कि.मी. दूरी पर स्थित है। इस गाँव को भगवान बुद्ध की उपदेश स्थली होने का गौरव प्राप्त है। यहाँ तथागत ने अपने शिष्यों एवं भिक्षुओं को बौद्ध धर्म का संदेश दिया था। तथागत ने बौद्ध गया बिहार में सिद्धि प्राप्ति के पश्चात् परिभ्रमण की दृष्टि से पश्चिमी तथा पूर्वी उत्तर प्रदेश के भागों को प्राथमिकता दी, जिसमें वर्तमान का सारनाथ(स्पन मृगदाय) जहाँ पर मृग झुण्ड में रहते थे और गोंठा (गोसिज सालवनदाय) जिसका अर्थ है ऐसा स्थल जहाँ गायें झुण्ड में रहती हो तथा साल सागौन व पलास के वन हों।

गोंठा के उत्तर में एक भीठा पर प्राचीन मंदिर है, जिसे लोग नंद बाबा के मंदिर के रूप में जानते है। आज भी गाय का दूध इस मंदिर में चढ़ाया जाता हे। मंदिर के समीप पीपल का एक विशाल वृक्ष है। मंदिर के अन्दर एक लाट पर बोधिसत्व के रूप में गौतम बुद्ध की मूर्ति स्थित है। अनुमानतः यह मूर्ति लगभग दो हजार साल पुरानी है।

पाली भाषा में ''गोसिंग साल वनदाय'' स्थल का वर्णन बौद्ध ग्रंथ ''मज्जिम निकाय'' 32 महागोसिंग सत(1-4) में मिलता है। इस स्थान पर भगवान बुद्ध द्वारा शिष्यों के साथ स्नान कर बिहार करने तथा उपदेश देने का उल्लेख मिलता है। यहाँ तथागत ने आयुष्मान नन्द, आनन्द, रेवत, अनिरूद्ध आदि प्रमुख शिष्यों को उपदेश दिया था। यहाँ बौद्ध भिक्षु चिंतन, मनन व गोष्ठी किया करते थे। गोष्ठी का जिक्र आज भी यहाँ होता है, वह आयुष्मान नंद, गौतम बुद्ध के भाई व सगी मौसी के लड़के थे। राजा सुयोधन की शादी राजा अंजान के पुत्र सपरबद्ध (देवदास महराजगंज) की लड़की महामाया से हुई थी। माहामाया राजन की दूसरी सुपुत्री थी। बड़ी लड़की का नाम प्रजापति था। राजा सुयोधन ने प्रजापति से भी विवाह कर लिया था। महारानी महामाया से सिद्धार्थ तथा महारानी प्रजापति से एक पुत्री रूपनंदा एवं पुत्र नन्द का जन्म हुआ था जो बाद में गौतम बुद्ध के शिष्य बने।

आयुष्मान नंद भगवान बुद्ध के प्रमुख शिष्य हुए। तथागत के चौरासी हजार उपदेश इन्हें पूरी तरह से कंठस्थ थे, जिन्हें वे पद के रूप में सुनाते थे। इन्ही नंद की ख्याति से जुड़ा यह क्षेत्र निश्चित रूप से प्राचीन काल में बौद्ध बिहार के रूप में विकसित रहा होगा क्योंकि उत्तर भारत के सभी प्रमुख बौद्ध केन्द्र बौद्ध गया व कपिल वस्तु के बीच में स्थित है। इस स्थल को एक प्रमुख बौद्ध केन्द्र व पर्यटन स्थल के रूप में विकसित किया जा

सकता है। पर्यटकों की सुविधा के लिए प्रदेश सरकार ने यहाँ आकर्षक 'तथागत मोटल' का निर्माण किया है, जो पर्यटकों के अनुकूल है।

जनपद के मुहम्मदाबाद गोहना तहसील मुख्यालय पर एक आधुनिक बौद्ध बिहार स्थापित है। इसका उद्‌घाटन तिब्बती उच्च शिक्षा संस्थान के निदेशक एवं तिब्बत के निर्वासित सरकार के विदेश मंत्री श्री एस. रिन. पोछो ने किया था।

शहीद डिग्री कॉलेज– यह डिग्री कॉलेज मधुबन के क्रांति के स्मृति के रूप में स्थापित है यह मधुबन में स्थित है, इस क्षेत्र के युवा यहाँ शिक्षा प्राप्त करने के लिए आते है।

मऊ की संस्कृति में समाहित बुनाई कला

मऊ और बुनाई कला एक दूसरे के पूरक हैं। मऊ आज उत्कर्ष एवं समृद्धि के जिस पायदान पर खड़ा है, उसका आधार बुनकर ही हैं। साड़ियों की बुनाई यहाँ के नागरिकों की पहचान बन चुकी है। बुनाई कला इस क्षेत्र के आबो-हवा में घुलकर यहाँ की संस्कृति में समाहित हो चुकी है।

इस क्षेत्र में बुनाई का उद्‌भव मुगल सम्राट जहाँगीर काल में हुआ। जैसे-जैसे समय बीतता गया यह कला फलते-फूलते स्थानीय अल्पसंख्यकों की परम्परागत कला के रूप में विख्यात हुई। पूर्वी उत्तर प्रदेश में हथकरघा से कपड़ा बुनने की शुरूआत मऊ से ही हुई और धीरे-धीरे अन्य शहरों में फैलती गयी। मऊ में इसका प्रारम्भ 16वीं शताब्दी से माना जाता है। उस समय यहाँ तानसेन नामक बुनकर ने करघे पर बहुत ही सुन्दर कपड़े का उत्पादन किया था। धीरे-धीरे अन्य लोगों ने यह हुनर सीखा और आज तो यह यहाँ का गृह उद्योग है। नगर अथवा आस-पास के मुस्लिम परिवारों में शायद ही कोई ऐसा घर हो जिसमें आधुनिक शक्तिचालित करघा न लगा हो। एक अनुमान के अनुसार नगर में लगभग 85 हजार लूम चल रहे हैं। इसके अलावा कोपागंज, अदरी, पूराघाट, घोसी, मधुबन, मुहम्मदाबाद गोहना, खुरहट, खैराबाद, करहां, पिपरीडीह, बहादुरगंज, मुबारकपुर आदि क्षेत्रों को मिला दिया जाये तो लाखों करघे दिन-रात चलते हैं।

मऊ की बनी साड़ियों की देश-विदेश में अलग पहचान है। साड़ियों पर आकर्षक व कलात्मक कढ़ाई देखते ही बनती है। अपने आकर्षण के आगे बनारसी साड़ियाँ का मुकाबला करने वाली साड़ियाँ सर्वसाधारण के लिए सुलभ है। साड़ियों के अतिरिक्त विभिन्न प्रदेशों जैसे-असम, बंगाल महाराष्ट्र आदि के पारम्परिक परिधान भी यहाँ निर्मित होते हैं। उल्लेखनीय है कि 1957 में यहाँ आये प्रधानमंत्री पं. जवाहर लाल नेहरू यहाँ की कला एवं वस्त्रोद्योग की भूरि-भूरि प्रशंसा करते हुए भारत का मैनचेस्टर कहा था। बहुत हद तक इस क्षेत्र के बुनकरों ने अपनी लगन व मेहनत से नेहरू जी के सपने को साकार किया। यहाँ की बहुसंख्य आबादी बुनाई का कार्य करती है। यह कार्य पीढ़ी दर

पीढ़ी करते आ रहे लोगों की आजीविका का एकमात्र साधन भी है। इस कला के कारण ही यहाँ बेरोजगारी भी अपेक्षाकृत कम है तथा लोग खुशहाल भी है।

मऊनाथ भंजन के रघुनाथपुरा, मुंशीपुरा, खीरीबाग, कियारी टोला, भिखारीपुर, बुलाकीपुरा, पठानटोला, प्यारेपुरा, मिर्जाहादीपुरा, डोमनपुरा, इस्लामपुरा, जमालपुरा, मदनपुरा, मलिकताहिर पुरा, कासिमपुरा, हसनमखासानी, हट्टीमदारी, मुगलपुरा, दक्षिण टोला, अलाउद्दीनपुरा, इमामगंज, हरिकेशपुरा आदि मुहल्ले बुनाई के साधन केन्द्र है।

स्वाधीनता संग्राम में मऊ का योगदान

देश को पराधीनता से मुक्त कराने हेतु सतत संघर्षशील रहा मऊ जनपद, यद्यपि इस भूभाग पर मऊ जनपद का उदय आजादी के बाद 1988 में हुआ लेकिन यहाँ आजादी की ज्योति सदैव प्रजवल्लित रही और लोगो ने आजादी की लड़ाई में बढ़ चढ़ कर हिस्सा लिया। यहाँ के क्रांतिवीरो के बलिदान की कहानी प्रदेश और देश की सीमाओं को लाँघ कर विदेशियों को भी रोमाँचित करती रही। इसी अंचल में आजादी के लिए मधुबन की दहशत ब्रिटिश संसद में भी व्याप्त थी। माँ भारती को विदेशी हमलावरों के चंगुल से मुक्त कराने के लिए आजादी की बलिबेदी पर अपना शीश समर्पित करने वालो से समृद्ध रहा है, यह अंचल।

ज्ञात इतिहास के एक विशेष कालखंड जिसे स्वाधीनता का प्रथम संग्राम कहा जाता है 1857-1947 के आजादी की लड़ाई की आग यहाँ सदैव धधकती रही और समय-समय पर स्वातंर्त्यवीर उसमे अपनी आहुति देते रहे। क्रांतिकारी पृष्टभूमि के कारण ही इस क्षेत्र ने राष्ट्रीय नेतृत्व को सदैव आकर्षित किया। राष्ट्रपिता महात्मा गाँधी एवं राष्ट्र नायक पंडित जवाहर लाल व नेता सुभाष चंद्र बोस स्वाधीनता आंदोलन के दौरान यहाँ आये और लोगो को दिशा दी।

स्वाधीनता के प्रथम संग्राम 1857 के क्रांति में इस क्षेत्र के लोगो ने बढ़ चढ़ कर हिस्सा लिया। 1857 में इस अंचल के जिन दो सपूतो को सरेआम नीम के पेड़ पर लटका कर फांसी की सजा दी गयी, वे थे नवसृजित मधुबन तहसील के ग्राम दुबारी के निवासी हरख सिंह एवं हुलास सिंह। चंदेल क्षत्रियो के इस गाँव में स्वाधीनता के अप्रतिम सेनानी बाबू कुंवर सिंह का आगमन हुआ था। स्थानीय लोगो ने बढ़ चढ़ कर उनका साथ दिया जिसका परिणाम भी उन्हें भुगतना पड़ा। चन्देलों की सात कोस की जमींदारी छीनकर उस अंग्रेज महिला को दे दी गयी जिसका पति इस आंदोलन में मारा गया था। गाँव में कुंवर सिंह का साथ देने के आरोप में हरख, हुलास, एवं बिहारी सिंह को बंदी बना लिया गया तथा इन्हें सरेआम फांसी देने का हुक्म हुआ। बिहारी सिंह तो चकमा देकर भाग निकले लेकिन अन्य दो व्यक्तियों को ग्राम दुबारी के बाग में नीम के पेड़ पर लटका कर फांसी दे दी गयी।

इस घटना की समूचे क्षेत्र में प्रतिक्रिया हुई। दोहरीघाट, परदहा, अमिला, सूरजपुर, आदि गावो के लोगो ने माल गुजारी देना बंद कर दिया। इसी दौरान स्वाधीनता की लड़ाई को संगठित स्वरुप देने का प्रयास किया जनपद के परदहा ब्लाक के ठाकुर जालिम सिंह ने। उन्होंने पृथ्वीपाल सिंह, राजा बेनी प्रसाद, इस्सदत्त, मुहम्मद जहाँ, परगट सिंह, आदि के साथ घूम घूम कर स्वाधीनता की अलख जगाई। दुबारी के फांसी कांड के बाद 1 अप्रैल 1857 को दोहरीघाट में सरयू तट पर स्थित गौरी शंकर घाट पर क्रांति की योजना बना रहे जिन रणबांकुरो पर अंग्रेजो ने सामूहिक रूप से गोली चलायी थी। उसमे जालिम सिंह भी शामिल थे और वे वहाँ से जीवित बच निकलने में कामयाब हुए। बाद में 3 जून 1857 को अपने सहयोगी सेनानियों के साथ जालिम सिंह ने आजमगढ़ कलेक्टरी कचहरी पर कब्जा कर उसे अंग्रेजो से मुक्त करा दिया। 22 दिन तक आजमगढ़ स्वतंत्र रहा। 26 जून को दोहरीघाट में रह रहे नील गोदाम के मालिक बेनीबुल्स ने बाहर से आयी अंग्रेजी फौज और अपनी कूटनीति से पुनः इस जिले पर कब्जा कर लिया और शुरू किया क्रूर दमन का सिलसिला। क्रांतिकारियों को सरेआम गोली से मारना, सार्वजानिक फांसी देना तथा क्रूर यातना देना आम बात हो गयी थी। इसके बावजूद आजादी के दीवानो का अदम्य उत्साह कम नहीं हुआ और न ही उन्होंने संघर्ष की ज्योति को धूमिल होने दिया। आजादी के दीवानो के जुझारूपन ने क्रांतिवीर कुंवर सिंह को न सिर्फ यहाँ आने के लिए प्रेरित किया वरन उनके साथ लड़ाई में बढ़ चढ़ कर हिस्सा भी लिया। कुंवर सिंह बलिया होकर यहाँ आये तथा मऊ जनपद के दुबारी ग्राम में प्रवेश किया। वही उन्होंने भावी संघर्ष की रूप रेखा बनाई, तथा अप्रैल 1858 में विभिन्न स्थानों पर अंग्रेजो से जम कर लोहा लिया। शाहगढ़ के समीप हुए युद्ध में उन्होंने अंग्रेजो को करारी शिकस्त दी। बाद में अंग्रेजो ने अपनी बढ़ी हुईं शक्ति, कूटनीतिक चालो से इस इलाके पर पूरी तरह अपना प्रभुत्व स्थापित कर शोषण और दमन का सिलसिला चलते रहे लेकिन उनके दमन और अत्याचार के बावजूद स्वाधीनता सेनानियों का संघर्ष भी जारी रहा और नयी दिशा गढ़ता रहा।

राष्ट्रीय फलक पर स्वाधीनता सेनानी के रूप में महात्मा गाँधी के उदय के बाद स्वाधीनता आंदोलन का एक नया स्वरुप सामने आया। उसमे इस अंचल के लोगो ने चढ़ बढ़ कर हिस्सा लिया। 2 फरवरी 1929 को आजमगढ़ में मोहम्मद सुलेमान नदवी की अध्यक्षता में कांग्रेस कमिटी का गठन हुआ जिसमे मऊ के लोगो की सहभागिता उल्लेखनीय थी। इसके पूर्व 1921 में महात्मा गाँधी के असहयोग आंदोलन में भी इस क्षेत्र के लोगो ने प्रभावशाली ढंग से भाग लिया। अलगू राय शास्त्री तथा बलदेव चौबे के नेतृत्व में महेंद्र मिश्रा, रामजतन सिंह, मुसाफिर सिंह, सहित सैकड़ो व्यक्ति गिरफ्तार किये गए। 1923 में काशी विद्यापीठ के स्नातक बने इसी मिटटी की उपज अलगू राय शास्त्री ने तो आगे चलकर राष्ट्रीय स्तर पर आंदोलनों का नेतृत्व किया। इस क्षेत्र में

स्वाधीनता आंदोलन को संगठित रूप देने के लिए 26 नवंबर 1929 को आजमगढ़ में एक बृहद सम्मलेन आयोजित किया जिसे पंडित मोतीलाल नेहरू ने सम्बोधित किया था। इसके 9 वर्ष बाद 3 अक्टूबर 1939 को महात्मा गाँधी दोहरीघाट आये थे। इसके पूर्व 1936 में पंडित जवाहरलाल नेहरू ने मऊ में एक विशाल जनसभा को संयोजित किया था। ओक्टुबर 1940 में नेता जी ने सुभाष चंद्र बोस के इस क्षेत्र में आगमन ने जनपद के क्रांतिकारियों में नए उल्लास का संचार किया और वे वतन की आजादी के जंग में जोश खरोश से जुड़ गए।

19 नवम्बर 1988 को मऊ जिला अपने सांस्कृतिक, साहित्यिक, पौराणिक, सामाजिक व राजनीतिक स्वर्णिम गाथाओं को समेटेहुए एक नए जिले के रूप में उदित हुआ।

सांस्कृतिक रूप से समृद्ध यह स्थान सदैव देश के पटल पर चर्चित रहा। स्वतंत्रता संग्राम में भी इस जिले के युवाओं, साहित्यकारों, पत्रकारों, किसानो, साधु संतो का अदभुत योगदान रहा। यह धरती अरण्य वन का पुष्पित व पल्लवित क्षेत्र रहा है, महर्षि बाल्मीकी की तपोभूमि और वर्णित तमसा का तट इस धरा की उर्वरता को हमेशा पोषित करता है। चुकी यहाँ स्वतंत्रता संग्राम के ढेरों वर्णन है जिसमें मधुबन कांड, पिपरिडिह कांड, मोहम्मदाबाद व दोहरिघाट हरिजन गुरुकुल कांड आदि मुख्य है। यहाँ क्रांतिवीरों ने बिना परवाह किए अपने प्राणो की आहुति दी।

दुबारी- मधुबन कांड

1857 में हरख-हुलास ने थामी क्रांति की मिशाल जुल्मसितम के दौर में पैदा इंकलाब मधुबन की बागी फिजाओं में परवान चढ़ा ।दुबारी में प्रथम भारतीय स्वतंत्रता संग्राम के अप्रतिम योद्धा बाबू कुंवर सिंह के शिविर लगाकर धधकते जज्बातों को मऊ जिले के हरख सिंह, हुलाश और लालबिहारी सिंह जैसे ज्वलंत शोलों में तब्दील कर दिया।

1857 की क्रांति का आगाज भले ही 10 मई को हुआ पर रणनीति कई कहीं माह पूर्व से ही तय होने लगी।

तत्कालीन आजमगढ़ जनपद का मऊ क्षेत्र इस आंदोलन की रणनीति तय कर धार देने में अग्रणी रहा। परदहा गाँव के जालिम सिंह के नेतृत्व में दोहरीघाट में सरयू नदी किनारे गौरीशंकर घाट पर 1 अप्रैल 1857 को माँ भारती के सपूतों की रात के अंधेरे में गुप्त बैठक हो रही थी।

किसी तरह इस बैठक की सूचना पुलिस तक पहुँच गयी। अंग्रेजों ने गोली चलायी पर जालिम सिंह और सहित अन्य युवक वहाँ से बच निकले। उधर अपनी तलवार से अपनी भुजाओं को अलग करनेवाले बाबू कुंवर सिंह जब मधुबन के दुबारी पहुँचे तो यहाँ के युवाओं की राष्ट्रप्रेम के भाव ने उन्हें आत्मिक सुख दिया।

इस गाँव के हरक सिंह, हुलास सिंह, एवं लाल बिहारी सिंह ने अंग्रेजों के ख़िलाफ हथियार उठा लिया। उधर पास गाँव से जालिम सिंह के नेतृत्व में इस क्षेत्र के रणबाँकुरो को अब इंतजार था संग्राम का बिगुल बजने का।

3 जून 1857 को आजादी की प्रथम जंग के इन जांबाजों ने आजमगढ़ कलेक्ट्रेट पर कब्जा दिया।

खुरहट स्टेशन फूंका–6 अप्रैल 1930 को राष्ट्रपिता महात्मा गांधी ने जब दांडी में नमक बनाकर अंग्रेजों का काला कानून तोड़ा उस समय प्रदेश में इसकी अगुवाई पं. अलगू राय शास्त्री ने ही किया। इस काले कानून की धज्जियाँ उड़ाने में अपना क्षेत्र भी पीछे नहीं रहा। उमराव सिंह शिवचरण राय सत्यराम सिंह, हरिद्वार सिंह, कल्पनाथ शुक्ल, रामचन्द्र पाण्डेय, कृष्ण माधव लाल, इब्राहीम खाँ, विश्वनामथ प्रसाद, रामपलट राय, सीताराम आर्य, राम दबर सिंह, मंगला राय, दल सिंगार पाण्डेय, छोटू राम, गया प्रसाद, राजदरश राय, रामदेव राय, भागीरथ राय, आदि ने घूम-घूम कर नमक कानून के विरूद्ध जनजागरण किया।

पिपरीहीह ट्रेन काण्ड–स्वाधीनता सेना नायकों के समक्ष आन्दोलन में अर्थ की विकट समस्या थी। किसी तरह गाड़ी चल रही थी। आन्दोलन को गति देने के लिए 1938 में जय बहादुर सिंह ने जनपद के पिपरीडीह स्टेशन के समीप ट्रेन रोककर लूटने की गुप्त योजना बनाई तथा अपने साथी कृष्णदेव राय, जामिन अली, उदयनारायण दूबे, केशव शुक्ल, बीकेश्वर दत्त, जगन्नाथ मिश्र, तेज प्रताप सिंह के साथ इसे अंजाम दिया।

मधुबन काण्ड से उत्तेजित क्रान्तिकारियों ने रामशरण शर्मा के नेतृत्व में खुरहट पर हमला बोल दिया। वहाँ के कर्मचारियों ने क्रान्तिकारियों के समक्ष आत्मसमर्पण कर दिया तो क्रान्तिकारियों ने उन्हें बाहर निकाल कर वहाँ आग लगा दी। इसी क्रम में मऊ को मोहम्मदाबाद से जोड़ने वाले पुल को तोड़ने की कोशिश की गयी लेकिन मऊ से पुलिस आ जाने के कारण क्रान्तिकारी इधर-उधर हो गये इस सिलसिले में शिवराज राय व फूलचंद उपाध्याय को गिरफ्तार कर जेल भेज दिया गया।

कल्याणपुर में आन्दोलन– 15 अगस्त 42 को ही घोसी व कोपागंज के मध्य कल्याणपुर के सामने ही सत्यराम सिंह के नेतृत्व में रेलवे लाइन की पटरी व टेलीफोन के तार उखाड़ दिये गये, इस घटना की पुनरावृत्ति 1943 के जनवरी माह में भी हुई जिसका नेतृत्व दल सिंगार पाण्डेय ने किया था।

अमिला काण्ड– जनपद की टाउन अमिला भी क्रान्तिकारी गतिविधियों से अछूती नहीं रही। अलगू राय शास्त्री का घर अंग्रेजों ने फूँकवा दिया था जिसकी पूरे क्षेत्र में जबरदस्त प्रतिक्रिया हुई थी। उसी गाँव के निवासी झारखण्डे राय भी थे जो आगे चलकर भारतीय कम्युनिस्ट पार्टी के प्रमुख नेता बने।

15 अगस्त 1942 को अमिला में राधेराय, राम चंद्र राय, बलदेव राय, पटेश्वरी राय के निर्देशन में सैकड़ों की संख्या में क्रान्तिकारियों ने अमिला टाउन को जला कर राख

कर दिया था। इस सिलसिले में पटेश्वरी राय को दो वर्ष की कैद तथा 15 बेत की एवं रामशंकर राय को 6 माह की कैद हुई थी।

दोहरीघाट में क्रान्तिकारी–मध्य दोहरीघाट कस्बे के निकटवर्ती गाँवों में रामपुर धनौती, गांठा, बुढ़ावर ठाकुरगाँव, सरया, पतनयी, पुरौली आदि के दोशभक्त कार्यकर्ताओं की उग्र भीड़ ने 16 अगस्त 1942 को दोहरीघाट डाकखाना, डाकबंगला, रेलवे स्टेशन, सरकारी इमारतों को तोड़ने-फोड़ने के बाद जला दिया, रेलवे की पटरियाँ उखाड़ दी गयी। गोंठा के दिक्षण पक्की सड़क पर की पुलिया तोड़ दी गयी, चिउटी डांड के पास सड़क को काट कर मार्ग अवरूद्ध कर दिया गया।

मोहम्मदाबाद गोहना का–17 अगस्त 42 को मुहमम्दाबाद खुरहट के बीच रेलवे लाइन उखाड़ने तथा दूर संचार भंग करने का काम व्यापक स्तर पर किया गया। समूचे क्षेत्र की जनता वहाँ पहुँच गयी थी जिसका नेतृत्व कादीपुर के रामधारी राय ने किया था। श्री राय को ढाई साल की सजा मिली। तत्कालीन कलक्टर मि. स्टूवर्ट ने उन्हें जेल में लाठियों से पिटवाया। हर लाटी पर श्री राय बन्देमातरम् व भारत माता की जय बोलते रहे। जेल से छूटने के बाद व पत्रकारिता के क्षेत्र में चले गये और नव भारत टाइम्स के सहायक संपादक के रूप में सेवा निवृत हुए। आजादी मिलने के बाद उन्होने सरकार से मिलने वाली जमीन को यह कह कर ठुकरा दिया कि माँ की सेवा का मोल नहीं लूँगा।

पिपरीडीह-इंदारा स्टेशन पर– 21 अगस्त 1942 को रामलखन सिंह, श्याम नरायण सिंह, अवधनरायन सिंह के नेतृत्व में आन्दोलनकारियों ने एक जत्थे ने मऊ पिपरीडीह स्टेशन के बीच रेलवे लाइन तथा खम्भों को उखाड़ कर रेल व्यवस्था तथा संचार को ठप कर दिया। इसके पूर्व 17 अगस्त को इंदारा स्टेशन फूंक दिया गया। मौके पर गोरी पुलिस द्वारा चलाई गयी गोली से तीन क्रान्तिकारी मारे गये तथा कई घायल हो गये।

दोहरीघाट हरिजन गुरूकुल की– आजमगढ़ के तत्तकालीन मि. हर्डी तथा कप्ताल मि. बीग के नेतृत्व में आयी अंग्रेजी फौज ने दोहरी घाट के हरिजन गुरूकुल में लूट पाट किया तथा सारे इमारत में आग लगा दी। गुरूकुल के कार्यकर्ता देवपती सिंह, क्षमानंद, सुखराज, स्वामी सत्यानंद को गिरफ्तार करके जेल भेज दिया गया।

क्रान्ति के– जनपद के मुख्यालय से 5 कि.मी. उत्तर पश्चिम तमसा नदी के निर्जन एवं बीहड़ स्थान में स्थित बेराटपुर तथा इसी गाँव के ठीक सामने नदी उस पार लगभग दो कि.मी. दूर फैजुल्लाहपुर ग्राम सन 42 की क्रान्ति के समय आन्दोलनकारियों के गुप्त अड्डे थे, जहाँ क्रान्तिकारी योजनाएं बनाते थे।

अमर शहीदों की कुर्बानी रंग लायी और अन्ततः 15 अगस्त 1947 की सुबह आयी। स्वाधीनता का उजाला लिये हुए। भारत आजाद हुआ। इस आजादी के लिए मधुबन में जिन अमर बलिदानियों ने अपना प्राणोत्सर्ग किया उनकी स्मृति में एक भव्य शहीद स्तम्भ

बनाया गया है जो हमें अपनी आजादी को अक्षुण्य रखने की सतत् प्रेरणा देता रहेगा। इस शहीद स्थल पर प्रतिवर्ष मेला लगाया जाता है। सच ही कहा है–

शहीदों की चिताओं पर लगेंगे हर बरस मेलें।
वतन पर मरने वालों का यही बाकी निशा होगा।।

स्वतंत्रता संग्राम में घोसी एवं मधुबन का योगदान

मधुबन थाना गोली काण्ड 1942– शांति निकेतन, आजमगढ़ की दिनांक 12/08/42 की रात वाली प्रथम कार्यकर्ता मीटिंग के निश्चयानुसार श्री जगन्नाथ राय 13/08/42 के प्रातःकाल जिला कां. कमेटी के दूत के रूप में घोसी तहसील के लिये भेजे गये। उन्होंने के प्रायः समस्त मंडलों में पहुँच कर समय की पुकार का संकेत करते हुए जिला कां. कमेटी की ओर से हर जगह विध्वंसात्मक कार्यों का कार्यक्रम पहुँचा दिया। किन्तु सहसा उस तरह के कार्यक्रम के आदेश पर मंडल के कार्यकातांओं को विश्वास नहीं होता था। अस्तु, उन्होंने भी अपनी ओर से सही कार्यक्रम जांचने की चेष्टायें करनी प्रारम्भ की।

उस समय मधुबन थानेदार मुक्तेश्वर सिंह का रवैया यह था कि वह ता0 11/8/42 को दिन में ही, सिपाही और चौकीदारों के दल के साथ दुबारी मंडल के कांग्रेस-कार्यालय पर छापा मार चुका था। तिरंगे झंडे को उतरवा कर, पैरों तले रौंद कर उसको फाड़ चुका था, कार्यालय-भवन का ताला तोड़ कर अन्दर रहने वाले चर्खें, रूई आदि वस्तुओं को तोड़-फोड़ कर बार्बाद कर चुका था, और वहाँ के कार्यकर्ताओं से अपनी ''पूरी पट्टीदारी'' कायम करके पहले से भी उन्हें काफी अपमानित करता आ रहा था। इन कारणों से दुबारी मंडल की जनता काफी छुब्द्ध हो चुकी थी। ठीक उसी बीच श्री जगन्नाथ राय ने वहाँ पहुँच कर जिले के निर्णय की सूचना दी, जलती आरती में घृत पड़ गया।

श्री मंगलदोव ऋषि और गोरखनाथ आचार्य के संयोजकत्व में 13/8/42 को गोबरही ग्राम में तहसील भर के कांग्रेसी कार्यकर्ताओं की बैठक बुलाई गई थी, जिसमें संयोजकों के अतिरिक्त सर्व श्री रामसुन्दर पांडेय, बैरागी राम, माता प्रसाद पांडेय, लोची सिंह और परमेश्वर तिवारी आदि प्रमुख लोग सम्मिलित हुए थे। उस बैठक में पहले 16/8/42 को घोसी तहसील पर ही कब्जा करने की निश्चय की सूचना देने तथा तहसील के अन्य सभी मंडलों का सहयोग माँगने के अभिप्राय से जब श्री मंगलदेव ऋषि आजमगढ़ के लिये रवाना हुए, उसी समय सर्व श्री माता प्रसाद पांडेय और परमेश्वर तिवारी, फतेहपुर मंडल की ओर तथा श्री गोरखनाथ आचार्य बीबीपुर मंडल की ओर भी रवाना हो गये।

श्री गोरखनाथ आचार्य 14/8/42 के सबेरे जिस समय बीबीपुर की ओर जा रहे थे, उसी समय मार्ग में उनसे मधुबन थाने के सिपाही मोहन सिंह और कोमल चौकीदार से भेंट हो गयी। उन्होंने उसके बाद चटपट थाने पर पहुँच कर थानेदार से इसकी रिपोर्ट कर दी, जिससे थानेदार ने तुरन्त वहाँ पहुँच कर आचार्य जी को उसुरी ग्राम में गिरफ्तार कर लिया।

आचार्य जी की गिरफ्तारी का समाचार चारों ओर फैलते देर न लगी। फिर तो कार्याकर्ताओं का रोष और बढ़ गया तथा सर्व श्री रामनरायन सेठ, रामविलास पांडेय, रामाध्यान सिंह सत्यराम उपाध्याय, राम मूर्ति जी और श्री जनकधारी कुवंर आदि ने मिलकर श्री गोरखनाथ को मार्ग से ही छीन लेने का निश्चय किया और कुछ आदमियों को साथ लेकर वे लोग तुरन्त ही मधुबन की ओर चल पड़े। किन्तु थोड़ी दूर पश्चिम जाने पर उधर से आने वाले गजियापुर के एक धोबी से लोगों की भेंट हो गयी, जिससे यह ज्ञात हुआ कि उससे श्री गोरखनाथ से थाने से लगभग 3 मील की दूरी पर सिपाह के पास, आजमगढ़ के लिए रवाना किये जाते समय भेंट हुई थी। इसकी जानकारी होने पर लोग वहीं से अगले कार्यक्रमों की पूर्ति के लिये वापस हो रहे थे। उसी बीच मार्ग में श्री राम सुन्दर पांडेय से भी भेंट हो गई। वहीं से सब लोग वापस जाकर कल वाली सफलता की योजना बनाने में जुट गये। उसके लिये शाम को ही दुबारी में एक सभा हुई, जिसमें लगभग दो हजार जनता की उपस्थिति के बीच श्री रामसुन्दर जी ने भाषण दिया। कार्यक्रम के बीच ही लगभग 8 बजे रात्रि को वहीं पर फतेहपुर मंडल की ओर से लौटने वाले श्री मंगलदेव ऋषि भी पहुँच गये। इस प्रकार एक के बाद दूसरी घटनाओं का अकस्मात ही घटित होना और संयोगवश अपने आपही सबका मिलन इस बात का द्योतक था कि उसके द्वारा किसी महत्वपूर्ण कार्य के सम्पन्न होने की घड़ी सन्निकट चली आ रही थी।

दुबारी मंडल के 13/8/42 के प्रथम निश्चयानुसार 15 तारीख को ही मधुबन थाने पर कब्जा करने का सन्देश लेकर 14 अगस्त को जिस समय ऋषि जी फतेहपुर मंडल की ओर गये थे, उस समय वहाँ के प्रमुख कार्यकर्ताओ सर्व श्री परमेश्वर तिवारी और युगलकिशोर शास्त्री आदि से उन्हें यह ज्ञात हुआ कि उन लोगों ने 16 तारिख को घोसी की तहसील पर कब्जा करने का निश्चय किया है। इस बात को सुन कर श्री मंगलदेव ने वहीं से एक साथी को दुबारी मंडल के लोगों को सूचना देने के लिए भेज दिया था और व स्वयं रूकुनपुरा से आजमगढ़ जाकर जिला-कार्यकर्ताओं से सम्पर्क स्थापित करके कार्यक्रम सम्बन्धी निश्चित बातों का पता लगाने और 16 अगस्त को घोसी तहसील पर कब्जा करने की सूचना देने के अभिप्राय से भी आजमगढ़ जाने के लिए सियर (बेल्थरा रोड) स्टेशन को रवाना हुये। किन्तु वहाँ पहुँचते ही उन्हें सीयर स्टेशन फूंका हुआ मिला और रेलवे लाइन भी उखड़ी हुई देखने में आई। वही पर बलिया जिले की जनता द्वारा उधर के प्रायः समस्त स्टेशनों और डाकखानों की बर्बादी का समाचार भी उन्हें प्राप्त हो गया। अतः यह सब देख सुनकर वे तुरन्त सीयर स्टेशन से ही फतेहपुर मंडल के लिए वापस लौट पड़े। उस समय वहाँ पर श्री परमेश्वर तिवारी के संयोजनकत्व में भिसहा ग्राम में मंडल-कार्य कर्ताओं की बैठक हो रही थी, जिसमें 16 तारीख को तहसील पर कब्जा करने वाला कार्यक्रम बदल कर सर्वप्रथम 15 अगस्त को मधुबन थाने पर ही कब्जा करने

का अन्तिम कार्यक्रम बनाया गया। अब सबने उसी को अन्तिम निश्चय मानकर चारों ओर दौड़ना शुरू कर दिया और वही सन्देश लेकर श्री मंगलदेव जी फतेहपुर मंडल से दुबारी वापस आये थे। अस्तु दुबारी से भी सबने मिलकर अब अन्तिम रूप से सर्वप्रथम 15 अगस्त को मधुबन थाने पर ही अधिकार जमाने की तैयारियाँ करनी शुरू कर दीं।

इधर तो उक्त थाने पर अधिकार जमाने की तैयारियां हो रही थी, उधर थानेदार मुक्तेश्वर सिंह को 11 अगस्त की दुबारी कांग्रेस-कार्यालय वाली अपनी हरकतों के बाद ही से जनता द्वारा थाने पर अधिकार करने का समाचार पाकर और भी काफी बेचैनी पैदा हा चुकी थी। उसने तुरन्त ही 14 अगस्त की रात में यह समाचार अपने उच्च अधिकारियों के पास आजमगढ़ के लिये एक विशेष पत्रवाहक रवाना कर दिया, जो घोसी जाकर तार तेता और यदि मऊ में जिलाधीश के होने का पता पाता तो वहीं पहुँच कर उनसे मधुबन सम्बन्धी समाचारों की भी जानकारी कराता। उस पत्रवाहक को घोसी में ही यह पता चल गया कि कलक्टर मऊ में मौजूद हैं, अतः वह घोसी से तार देकर मऊ चला गया। उस समय जिलाधिकारी मऊ की तत्कालीन स्थिति जानते हुए अन्यत्र के भी सभाचारों से क्षुब्द्ध तो थे ही, इस मघुबन के समाचार ने उनके दिल में और भी अधिक खलबली पैदा कर दी, जिसके फलस्वरूप मि. निबलेट 15 अगस्त को 10 बजे दिन में ही मधुबन थाने पर जा पहुँचे। उनके वहाँ पहुँचने का समाचार क्षेत्र में फैलते भी देर न लगी, इसे जान कर कार्यकर्ताओं ने थाने पर चढ़ाई करने की इसलिये और भी अधिक तत्परता दिखाई कि कलक्टर को थाने पर ही गिरफ्तार कर लिया जाय।

मधुबन प्रस्थान की तैयारी 15/8/42–उक्त निश्चयानुसार घोसी तहसील के प्रायः समस्त मंडलों के कार्यकर्ता 15 अगस्त के प्रातः काल ही अपने अपने मकानों से निकलकर जनता को एकत्र करने और मधुबन के लिये प्रस्थान करने की तैयारी करने लगे। फतेहपुर मंडल का जत्था सर्व श्री परमेश्वर तिवारी, रामवृक्ष चौबे, रामनक्षत्र पांडेय एवं रामनयन मल इत्यादि प्रमुख लोगों के नेतृत्व में रवाना हुआ था, जिसकी एक मिटिंग प्यारेपुर गाँव में डॉ. भगवान प्रसाद मिश्र के यहाँ भी हुई थी, जिसमें मंडल के प्रायः सभी प्रमुख लोगों ने तो भाग लिया ही था, हजारों की संख्या में भारी जन-समूह भी वहीं एकत्र हो गया था। श्री परमेश्वर तिवारी के नेतृत्व में चलने वाले इस जत्थे ने मधुबन पहुँचने से पूर्व मार्ग में पड़ने वाले सभी सरकारी तंत्रों को नष्ट करने की योजना बनाई थी। अतः उसने मार्ग में जो भी कांड किये उनका उल्लेख इस प्रकार है–

फतेहपुर मंडल के कार्यकर्ताओं को बेल्थरा रोड स्टेशन की घटनाओं के समाचार ने पूर्ण निर्भय तो बना ही दिया था, जिससे लोगों ने मार्गमें कुछ और करते चलने का निश्चय किया। तदनानुसार सर्व श्री परमेश्वर तिवारी, रमापति तिवारी, रामवृक्ष चौबे, शंकर वर्मा रामनक्षत्र पांडेय, झीनक सिंह, ठाकुर तिवारी, बलराम दास और छेदीराम आदि ने 7 बजे प्रातः जनता के साथ रामपुर पहुँच कर वहाँ के डाकखाना पर धावा बोल दिया।

डाकखाने के सभी सरकारी कागजातों को एकत्र करके फूंक दिया और जनता में विपरित किये जाने वाले मनीआर्डरों के लगभग 300 रुपयों को पोस्टमास्टर को सौंप कर उनसे प्राप्त की रसीद लिखवा ली। उनसे यह भी सख्त हिदायत कर दिया कि मनीआर्डर वाले रुपयों को जनता तक अवश्य पहुँचाया आय। चूंकि डाकखाने का मकान किराये का था अतः उसे फूंक कर उसकी क्षति नहीं की गई। बाद में भवन पर तिरंगा झंडा फहरा कर और वहाँ के कर्मचारियों से भी ''महात्मा गांधी की जय, भारत माता की जय! बोलवा कर वह जत्था रामपुर-चौकी पर जा चढ़ा।

रामपुर डाकखाने की उक्त क्रिया समाप्त करके उक्त जन-जत्था जिस समय रामपुर की पुलिस-चौकी पर पहुँचा उस समय उसमें सैकड़ों की संख्या में और भी जनता सम्मिलित हो चुकी थी। चौकी पर पहुँचते ही पुलिस-कर्मचारी पहले तो बहुत ही घबराये, किन्तु प्रमुख लोगों के आश्वासन देने पर उन्हे कुछ ढाढस मिला और उन्होंने जन-नेताओं का आदेश पाने पर अपने निजी सामानों को अलग कर लिया। उसके बाद समस्त सरकारी कागज-पत्रों और अन्य सामानों में आग लगा दी गई। इस सफलता के बाद अब तो जनता का उत्साह और भी दूना बढ़ गया और लोग वहाँ से राष्ट्रीय नारों का जय-घोष करते हुए मधुबन थाने की राह पर अग्रसर हुए।

जिस समय उक्त जत्था फतेहपुर डाकखाना पर पहुँचा, उससे पूर्व ही सर्व श्री माता प्रसाद पांडेय एवं श्री राम नयन मल के नेतृत्व में फतेहपुर डाकखाने का काम समाप्त हो चुका था। वहाँ भी रामपुर डाकखाने की भांति ही मनीआर्डरों को जनता में वितरित करने का आदेश देकर लोगों ने सभी सरकारी काजग-पत्रों को पहले अस्त-व्यस्त करने के बाद भवन पर तिरंगा झंडा फहरा दिया था।

आगे बढने पर उक्त को मधुबन के निकटवर्ती ग्राम कठघरा में शराब-ताड़ी की दूकान मिली। डाकखानों और पुलिस-चौकी से बढकर तो उसकी हस्ती नहीं थी। अतएवं मिनटों में उसको भी फूंक-ताप कर बर्बाद कर दिया। अब वहाँ के बाद उफरौली ग्राम में स्थिति सरकारी बीजगोदाम पड़ा। उस पर भी जनता ने कुछ लूट-पाट की और उसके बाद मधुबन के मार्ग में दूसरा कोई भी सरकारी चिन्ह शेष नहीं रह गया। मधुबन के पास ही एक मवेशीखाना अवश्य था, जो जिला-बोर्ड के नियंत्रण में था। किन्तु उस समय उसके मुहर्रिर श्री माहेश्वरी प्रसाद पांडेय थे, जो थाने के बहुब बड़े खैरख्वाह और सरकारी पिट्टू माने जाते थे। उन्होंने मवेशीखाने के सामने आकर लोगों को थाने की ओर न जाने और अपने गाँवों को वापस लौट जाने का आग्रह किया। ऐसा इसलिये कि थाने पर जिलाधिश पहुँच गये थे। किन्तु उस समय उनकी वह सलाह लोगों को नहीं जँची और उसके सिलसिले में ही उनसे काफी कहा-सुनी भी हो। गई उसी के फल स्वरूप मवेशी खोल कर बाहर निकाल दिये गये और वहाँ के कागज-पत्र को भी चीर-फाड़ कर बर्बाद कर दिया गया। जत्थे के रवाना होने से पूर्व

हीं अपनी परम्परागत आदतों के अनुसार वे मुंशी जो भी वहाँ से तुरन्त थाने पर रपट लिखवाने के लिये रवाना हो गये।

इस प्रकार से मार्ग में पड़ने वाले ब्रिटिश शहंसाहियत के छोटे-बड़े सभी चिन्हों को समाप्त करता हुआ फतेहपुर मंडल का यह क्रान्तिकारी जत्था मन ही मन स्वाधीनता के सुनहरे प्रभात का आभास करता हुआ विचित्र उमंगों और अद्‌भुत तरंगों के बीच, राष्ट्र-गान के साथ तीव्र बेग से मधुबन के पथ पर अग्रसर होता हुआ थाना-क्षेत्र में पहुँच गया।

सबके सतत् परिश्रम का यह परिणाम निकला कि दिन के तीन बजते-बजते उक्त फतेहपुर मंडल के जत्थे को थाने पर पहुँचने के थोड़ी ही देर बाद उत्तर की ओर से दुवारी मंडल का जत्था सर्व श्री मंगलदेव ऋषि, रामसुन्दर पांडेय, रामध्यान सिंह, राम नरायन सेठ, विश्वनाथ प्रसाद और मुवशफी आदि के नेतृत्व में, तथा पश्चिम के ओर से बीबीपुर, सूरजपुर तथा घोसी मंडलो के जत्थे भी सर्व श्री बैरागी राम, रामचन्द्र, सरयू राम, बहादुर लाल, रामदास, दीपचन्द्र तिवारी, रामनयन मल एवं किशोर पांडेय आदि के नेतृत्व में मधुबन जा पहुँचे। इस प्रकार से हर जत्थों के वहाँ पहुँचने पर पचीसों हजार का भारी जन-समूह एकत्र हो गया।

जब तक हर मंडलों के जत्थे बारी-बारी से मधुबन थाने पर एकत्र हुये तब तक पहले पहुँचने वाले फतेहपुर और दुबारी मंडल के जत्थों ने लगभग 3 बजे दिन के बाद मधुबन के डाकखाने की भी होली जला दी। रामपुर डाकखानें की तरह मनीआर्डर के रुपयों की रसीद लेकर पोस्टमास्टर को रुपये सौंप दिये गये और उसके बाद भवन सहित सामानों को फूंक कर बर्बाद कर दिया गया। यह था मधुबन का श्री गणेश, जिसे अपने ही देखकर थाने के अधिकारी बौखला उठे।

मधुबन का डाकखाना फूंकने के बाद, हर मंडलों के जत्थों के वहाँ पहुँच जाने पर जिस समय समस्तजन-समूह 'इन्कलाब जिन्दाबाद' का नारा लगाता हुआ पश्चिम ओर के फाटक से मधुबन थाने की ओर बढ़ा, उसके फाटक पर पहुँचने से पूर्व ही फाटक बन्द करके उस पर अन्दर से ताला चढ़ा दिया गया और जिलाधीश, थानेदार तथा सभी कर्मचारीगण थो के अन्दर बन्द हो चुके थे। थानेदार ने फाटक पर पहुँचने से पहले ही जत्थे के पास एक सिपाही भेज कर किसी प्रमुख व्यक्ति से कुछ बातें करने के लिये अन्दर बुलवाया। फलस्वरूप श्री मंगलदेव ऋषि थानेदार से बात करने के लिए जनता के प्रतिनिधि चुने गये। जाते समय ऋषि जी अने साथ श्री रामवृक्ष चौबे को भी अन्दर ले गये।

जाने पर लोगों ने थानेदार से बातें की, और शान्तिपूर्वक थाने पर तिरंगा झंडा फहराने की माँग की, जिसको थानेदार ने यह कहकर इनकार किया कि उनके आला-हाकिम-जिलाधीश उस समय वहीं मौजूद थे। इसके बाद थानेदार से जिलाधीश से ही बात कराने की माँग की गयी, जिसका अवसर दे से भी उन्होंने साफ इन्कार कर दिया। जिस समय लोग

हर प्रकार का नकारात्मक उत्तर पाकर थाने से बाहर निकल ही रहे थे। कि इतने में श्री राम बहादुरलाल ने आगे बढ़कर ऋषि जी को गोदी में उठाकर थाने पर चढ़ाई कर देने का आदेश माँगा। वे लोग अन्दर की हुई बाते बताकर परिस्थिति समझा ही रहे थे कि इतने में जनता ने जयजयकार करके फाटक की ओर बढ़ना प्रारम्भ कर दिया। इतने ही में अन्दर सामने की ओर से गोलिया चलनी प्रारम्भ हो गयी। अन्दर से मुक्तेश्वर सिंह थानेदार की गोली खाकर सबसे पहले श्री रामनक्षत्र पांडेय फाटक पर ही शहीद हो गये, जिसे देखते ही भीड़ और भी उत्तेजित हो उठी और चारो तरफ फैलकर थाने को घेर लिया। उसके तुरन्त ही बाद थाने के ऊपर से भी गोलीयां चलने लगी, जिससे थाने के दक्षिणी टीले पर श्री रामपति तिवारी को भी गोली लगी, और वे वहीं पर शहीद हो गये। ऊपर से मोहन सिंह और हाशिम सिपाहियों ने भी अपनी-अपनी बन्दूकों से कितनों ही को धराशायी बनाया, जिस देख-देख कर जनता का खून खौलता गया। कई साथियों की लाशें प्रत्यक्ष गिरी देखकर जनता ने भी गोलियां का जबाब ईंट-पत्थर से देना शुरू कर दिया। इसी बीच कुछ लोगों ने थाने की खिड़कियां भी तोड़ डाले। श्री दर्शन गड़ेरी ने एक ऐसा पत्थर खींच कर मारा कि ऊपर छत से गोली चलाने वाले हाशिम सिपाही बेहोश होकर गिर पड़ा और उसके हाथ से छूटकर बन्दूक नीचे आ गिरी। बन्दूक गिरते ही ऊपर से गोलियां बरसनी बन्द हो गयी और जनता ने फाटक तोड़ने की चेष्टा करके अन्दर घुसने की जो तल्लीनता दिखाई उसके परिणामस्वरूप थाने के चारों ओर अनेक लाशें बिछ गयी।

उसके बाद अनेकों घायल अपनी चोट दबाते हुए इधर-उधर जाते देखे गये और कितने ही लोग अपने मृत साथियों के शव टांग कर ले जोत हुए भी दिखे। कितने ही बुरी तरह से घायल हो कर सिवान के खेतों में इधर-उधर जा गिरे और वहीं पर स्वर्गवासी हो गये और कितने ही किसी प्रकार से लाद-फांद कर मकानों तक पहुँचते-पहुँचते दम तोड़ गये। क्या धुन थी और क्या अरमान? मधुबन की प्रज्वलित अग्नि में जलने वाले उन परवानों का क्या इसका मूल्य कोई आज तक भी आंक सका? सरकारी बयानों में आये हुये तथ्य के अनुसार मधुबन थाना के इन गोली कांड में पुलिस ने कुल 149 राउन्ड गोलियां चलाई थीं जो लगभग 4 बजे से 6 बजे शाम तक रूक-रूक कर कई बार में चलाई गयी थी।

गोलीकाण्ड की समाप्ति के बाद जनता थाने से वापस जाने लगी तो श्री माता प्रसाद पांडेय ने थानेदार के घोड़े पर बैठ कर हाथ में तिरंगा झंडा लहराते हुये कई ग्रामों में घुम कर यह ऐलान किया था कि हमने अपने क्षेत्र से ब्रिटिश हुकूमत की जड़ उखाड़ दी है, भयभीत होने की कोई बात नहीं है।

फाटक पर भीड़ के रहते हुये जितनी लाशें उठा कर इधर-उधर ले जाई जा सकी उतनी तो जनता के हाथ लगी, पर भीड़ हटने के बाद जब लोग घायलों को संभलने में

व्यस्त हो गये तो भूमिशाई लाशों का उठाना जुर्म करार दे दिया गया, जिसके फलस्वरूप सर्व प्रथम जूझने वाले अमर शहीद श्री राम नक्षत्र पांडेय की लाश भी वहीं पर रह गयी थी जो दूसरे दिन उनके चाचा श्री सरजू पांडेय के थाने पर जाकर लिखित माँग करने पर इस शर्त पर दी गयी थी कि किसी जलूस आदि द्वारा वे उसका कोई प्रदर्शन न करके शान्ति पूर्वक केवल दाह संस्कार ही मात्र करेंगे। लाश पाने पर सर्व श्री शंकर वर्मा, परमेश्वर तिवारी, ठाकुर तिवारी, और छेदी राम यादव आदि ने मिल कर उसका दाह-संस्कार करवाया।

उक्त गोली कांड में कितने शहीद हुये, इसकी ठीक-ठीक गणना तो अब तक भी न हो पाई, क्योंकि उसमें भाग लेने वाले अनेक लोग अपने जिले के बाहर बलिया और घाघरा-पार देवरिया जिले से भी आये हुये थे। दूसरे दिन सिवान के खेतों में भी अनेक लाशें देखने में आई थीं, जिसमें से जो पहचानी जा सकी वह तो कुछ लोगों के मकानों तक पहुँचा दी गयी, किन्तु कुछ को पुलिस ने वहीं से गायब कर दिया। लोगों ने घायल-दशा में भी इस लिये अपनी चोटें जाहिर नहीं होने दी कि उन चोटों की ही सिनाख्त पर उन मुकदमें चलाये जाने का अन्देशा था। इस प्रकार कितने ही घरेलू दवाइयों से अच्छे न होकर बाद में गोली का जहर फैलने के कारण से स्वर्गवासी हो गये थे, जिन्हें लोग अन्त तक भी नहीं जान सके कि वे किस बीमारी से मरे। फिर भी बड़ी खोजों के बाद अब तक जितने शहीद एवं घायलों का ठीक पता लग सका है उनके संक्षिप्त परिचय का उल्लेख करने के पूर्व यही पर हमें यह उल्लेख करते हुये भी संकोच नहीं हो रहा है कि यद्यपि तत्कालीन जिलाधीश मि. निबलेट एक कथित देश-हितैषी-सज्जन पुरूष थे, फिर भी उनकी ही थाने पर मौजूदगी में, और शायद उन्हीं के आदेशानुसार भी, मधुबन थाने का यह गोली कांड हुआ, जिसमें अनायास ही अनेको लोग मौत के घाट उतारे गये थे।

अपनी उक्त काली करतूतों के भय से भयभीत होकर जिलाधीश तीन दिनों तक थाने में स्वतः बन्द पड़े रहे। क्योंकि गोली कांड के बाद 15 तारीख के सांय काल ही से जनता थाना छोड़ कर हट चुकी थी और लोग एकत्र न रहकर चारो ओर अपने निजी स्थानों को चले गये थे। फिर भी जिलाधीश ही हिम्मत नहीं पड़ी। इसका कारण था 15 तारीख के रात में ही श्री श्यामसुन्दर मिश्र आदि कार्यकताओं द्वारा मधुबन घोसी वाली सड़क पर कुण्डाकुचाई के पश्चिम सड़क का काटना तथा मदीना और खेमराजपुर के बीच की पुलिया का तोड़ा जाना, जिसको तोड़ कर यह योजना बनी थी कि जिस समय थाने से निकलकर आजमगढ़ जाने के लिये उधर से वापस आये, उसी समय टुटी पलिया के पास कार रूकने पर उन्हें पकड़ लिया जाय। कदाचित पहले से ही इसका कुछ आभास उन्हें हो चुका था। अतएव 17 तारीख के प्रातः काल भैरोंपुर ग्राम के तत्कालीन किसी रईस को थाने पर बुलावाकर उनका हाथी माँगा गया। उसी पर सवार होकर दोपहर को जिलाधीश थाने से बाहर निकले। उनके साथ-साथ आगे-पीछे और अगल-बगल से

थानेदार-सिपाहियों चौकीदारों एवं लट्ठबन्द जवानों का सशस्, जत्था उन्हें बीच में करके चल रहा था। इतने पर भी श्री मिश्रजी ने पूर्व निश्चयानुसार दरियाबाद के पास जन समूह के साथ आकर उन्हें घेर लिया। चूंकि उसी दिन फौज आजमगढ़ पहुँच गयी, जिसे साथ लेकर कप्तान सर्वप्रथम मधुबन जा रहे थे कि ठीक उसी बीच घोसी मधुबन वाली सड़क पर कप्तान और फौज से उनसे भेट हो गयी, और फौज को वहाँ देखते ही जनता हट गयी, जिससे जिलाधीश फौजी संरक्षण में आजमगढ़ वापस आ सके।

थाने के ऊपर से गोली चलाते समय श्री दर्शन गडेरी द्वारा हाशिम सिपाही के सीने में पत्थर को जो सख्त चोट लगी थी उससे वह बेहोश होकर गिर पड़ा था और उसी समय उसके हाथ से गिरी हुई जो बन्दूक गायब की गई थी उसको गजियापुर ग्राम के जगन्नाथ पांडेय ने छिपा दिया था। मधुबन-कांड का बदला चुकाने के अभिप्राय से जनता का दमन करने के लिये 25-8-42 को जिस दिन सर्वप्रथम मिलिट्री उस क्षेत्र में पहुँची, उसके सामने समस्या थाने की बन्दूक ही बरामद की उपस्थित की गई। थाने वालों को बन्दूक ले जाने वाले का ठीक पता नहीं था। अतएव भेद लेने की चेष्टाये प्रारम्भ की गई। साथ ही आतंक जमाने के लिये उस क्षेत्र के प्रमुख कांग्रेस कार्यकर्ताओं के मकानों की लूट-फूंक भी प्रारम्भ कर दी गई। प्रथम दिन की लूट-फूँक करने के बाद रात को फौज मधुबन थाने पर ही रह गई। राम में दुबारी ग्राम के प्रसिद्ध जमीदार श्री कौड़ी सिंह और शिवपूजन बर्नवाल को थानेदार द्वारा बुलाया गया और लोगों द्वारा सारा भेद लेने की चेष्टायें की गयी। इसी सन्दर्भ में श्री परमेश्वर तिवारी को भी पकड़ कर थाने में बन्द कर के पिटा गया और विभिन्न प्रकार की यातनाऐं दी गयी की वे मरणासन हो गये।

दूसरे दिन प्रातः काल ही फौजी-लारियां दुबारी पहुँच गयी और सर्वप्रथम वहाँ के पुराने कांग्रेस कार्यकर्ता श्री मुहम्मद शफी के मकान पर हमला किया गया। मकान के अन्दर औरतों-बच्चों के बदन से कपड़े जेवरात उतरवाकर पहले समस्त मकान की लूट की गई और बाद में शेष सामानों सहित नये बने हुए दो तल्ले मकान को फूंक कर ध्वस्त कर दिया गया। इनके मकान के लूट-फूंक के समय बाहर मशनी गन भी फिट कर दी गयी और दीवार के सहारे एक पीतल की बड़ी परात खड़ी करके उस पर उसी मशीनगन द्वारा छड़ भर में गोलियां बरसाकर सैकड़ों छिद्रो वाली छलनी बनाया गया। उसके बाद उसी परात को ग्रामवासियों को दिखा कर यह कहा जाने लगा कि अभी मिनटों के अन्दर सबके शरीरों की भी यही गति होने वाली है। इतने पर भी जब उस समय बन्दूक का भेद नहीं, ज्ञात हो सका तो उसके बाद श्री कौड़ी सिंह के मकान पर फौज के सिख सैनिको की, और वहाँ के दूसरे प्रसिद्ध जमींदार लखनऊ वाले श्री यहतेशाम अली की छावनी पर अंग्रेज सैनिको की दावते हुई। दावतें खाने के बाद फौज पुनः गाजियापुर और तिघरा ग्राम में जा पहुँची।

जिस समय फौजी गोरे गाजियापुर के श्री शिवबरत पांडेय के मकान पर पहुँचे, उस समय अन्दर औरत बच्चों के सिवा, दूसरा कोई मकान पर मौजूद न था। मकान के अन्दर घुस कर, औरतों के बदन से जेवर-कपड़े उतरवाकर उन्हें बिलकुल नंगा कर दिया गया और अनेक प्रकार के अमानुषिक अत्याचार किये गये। सभी बेशकीमती चीजें लूटने के बाद मकान में आग लगा दी गयी, और जिस समय मकान की होली जल रही थी, उसी समय पुलिस घर के औरतों-बच्चों पर बेंत-बरसा रही थी। वह इस लिये कि भेदियों के द्वारा उन्हीं के घर बन्दूक होने का पता चला था। हर प्रकार से तंग आकर दुर्दशाग्रस्त स्त्रियों ने श्री विश्वनाथ सेठ का नाम बता दिया, फिर तो उसके बाद नारकीय उन्हीं के मकान पर टूट पड़े। वही पर कई और आदमियों को भी पकड़ कर सारा गाँव फूंक देने की धमकियां देनी प्रारम्भ कर दी और उनके मकान की होली जलायी जाने लगी। आरजू मिन्नतें करने के बाद लोगों ने कोई चारा न देख कर, विवशता की स्थिति में बन्दूक का भेद बताने के लिये– 24 घंटे की मोहल्लत माँगी। इतने पर भी श्री रामनरायन सेठ का मकान लूटा-फूंका गया। उनके मकान मे आग लगने के बाद जब उनके घर की औरत-बच्चों ने जंगलों के रास्ते कूद-कूद कर बाहर जा कर जाने बचानी चाही, तो उनके बदन पर से गहने-कपड़े उतरवाकर, फटेपुराने वस्त्र देकर तन ढकने के लिये उन्हे बाध्य किया गया। इस प्रकार अत्याचार उस दिन गाजियापुर और तिघरा आदि ग्रामों में शाम तक होते रहे, और उसके बाद वहाँ से लौटते समय सात आदमियों को गिरफ्तार करके थाने पर लाया गया। उन गिरफ्तार होने वालों में सर्व श्री विश्वनाथ प्रसाद, भृगुनाथ प्रसाद, ब्रह्मदेव लाल, सीता राम बर्नवाल, विसुन कोइरी, साधू कोइरी और मटुकधारी कोइरी थे।

इन सबको थाने में बन्द करने के बाद पहले श्री विश्वनाथ प्रसाद को बाहर निकाल कर उन्हें भद्दी-भद्दी गालियां से पुरस्कृत किया गया, उसके बाद बुरी तरह से मार पिट कर बन्दूक माँगी जाने लगी। न जानने की बात पर बन्दूक से सूट कर देने की धमककियां ही नहीं दी गयी वरन सामने ही खड़ा करके वन-टू-थ्री करने के बाद उन्हें बन्दूक का निशाना बना कर एक छुछिया फायर भी की गयी, जिससे बेहोश होकर वे जमीन पर गिर पड़े। लगभग 15 मिनट के बाद होश आने पर उनसे पुनः बन्दूक वाली बात पूछी गयी, और कर्नल द्वारा यह कहा गया कि कतिपय लोगों ने उन्हीं के पास की बात बताई है, जो बिलकुल झूठी थी। तिस पर भी उस बहादुर सैनिक ने वह भेद बताने से एकदम से इनकार ही किया। इस के बाद थाने की हवलात में बन्द कर के फौजी कर्नल द्वारा बम दिख कर उड़ा दिये जाने की धमकियां दी गयी। साथ ही दूसरे लोगों को भी बारी-बारी से बाहर निकाल कर सबकी वैसी ही हालत की गयी। इस प्रकार से 26 अगस्त के रात से 27 को दिन के चार बजे तक यही किस्सा रहा, किन्तु इतने पर भी किसी ने कोई भेद नहीं बताया। उसके बाद थाने पर अपने वाले किसी के द्वारा उक्त लोगों के साथ होने

वाली इन साँसतों का पता गाँव में चला तो लोगो ने श्यामू मल्लाह द्वारा पानी के अन्दर से बन्दूक निकालकर मु. दरवारी लाल मुख्तार के द्वारा शाम को थाने पर पहुँचा दिया। बन्दूक पा जाने पर श्री विश्वनाथ प्रसाद के अतिरिक्त अन्य सब लोग वहीं से छोड़ दिये गये, किन्तु उन्हें आजमगढ़ जेल भेज दिया गया।

बाद में फरार होने वाले प्रमुख लोगों के पता पूछने के सिलसिले में अनेक लोगों को बुरी तरह से मारा पीटा गया। और बड़े से लेकर बृद्ध तक की सासतें करने में तनिक भी लज्जा नहीं की गयी। श्री रामसुन्दर पांडेय और श्री चौबे गोली कांड के बाद ही आजमगढ़ चले आये थे और ऋषि जी भी श्री अलगुराय शास्त्री से मिलने के लिये बनारस चले गये थे। जो तभी से फरार हो गये।

मधुबन गोली कांड के शहीद

क्र. सं.	नाम	जगह	शहीद
1.	श्री रामपति	तिनहरी	मस्तक में गोली खाकर
2.	श्री रामनक्षत्र पांडेय	कंधरापुर	घटनास्थल पर शहीद हुये।
3.	श्री सोम्मर राम गड़ेरी	मिरदातपुर	घटनास्थल पर शहीद हुये।
4.	श्री कुमार माझी	मिरदातपुरा	घटनास्थल पर शहीद हुये।
5.	श्री हनीफ दर्जी	गुरम्मा	घटनास्थल पर शहीद हुये।
6.	श्री शिवधन हरिजन	पहाड़ीपुर	छो तीन दिन बाद मकान पर स्वर्गवासी हुये।
7.	श्री रघुनाथ भर	भवानी सरया	कुछ दिनो बाद घर पर स्वर्गवासी हुये।
8.	श्री राजदेव कांदू	रामपुर	5 वर्ष की सजा काटने के संदर्भ में कुछ महीने बाद घाव पकने के कारण मरणासन्न दशा में कुक्त होने पर घर आकर स्वर्गवासी हुये।
9.	श्री भागवत सिंह	कुचाई	मस्तक पर गोली खाकर घटनास्थल पर शहीद।
10.	श्री लछनपति कोइरी	नेवादा	मस्तक पर गोली खाकर घटनास्थल पर शहीद।
11.	श्री बनवारी यादव	कठघरा	मस्तक पर गोली खाकर घटनास्थल पर शहीद।
12.	श्री मुन्नी कुँवर	तिघरा	चार-पाँच घंटे बाद मकान पर स्वर्गवासी हुये।

13	श्री बन्धू लोनियाँ	मछिला	25 दिन बाद आजमगढ़ जेल अस्पताल में स्वर्गवासी हुये।

कहा जाता है कि उक्त लोगों के अतिरिक्त थाने के समीप सिवान के खेतों में भी अपरिचित जनों की लाशें देखी गयी थी जो कदाचित अन्यत्र के निवासी-

मधुबन गोली कांड के घायल

उक्त शहीदों के अतिरिक्त निम्नांकित लोगों को भी गोलियां लगी थी, जिनमें से अनेकों ने तो मुकदमों की सजा के भय से अपनी घाव छिपा कर गुप्त रीति से विभिन्न उपचारों द्वारा प्राण-रक्षा की थी, किन्तु अधिकाश लोग गोली के आधार पर ही मुकदमें में फांसे गये और सरकारी उपचारों के बाद विभिन्न अवधियों तक जेल-यातनायें भी भोगे।

क्र. सं.	नाम	जगह	शहीद हुए
1.	श्री कन्हई भर	अहिरौली	बायें पैर में गोली से पैर बेकार हो गया।
2.	श्री सन्त बल ीमल	उफरौली	छाहिने हाथ के कोहनी की हड्डी टूट गयी।
3.	श्री जामुवन्त राम	पंजी	क्लेजे के दाहिने फेफडे को चीरती हुई गोली बायें फेंफड़े से निकली थी, फिर भी जीवित रहे।
4.	श्री गंगा दी भर	लखनौर	कांख के पास गोली लगी थी।
5.	श्री पाँचू कोइरी	विग्रहपुर	छाहिना गट्टा टूट गया जिससे हाथ बेकार हो गया।
6.	श्री ब्रह्मदेव कोइरी	विग्रहपुर	पंखे में गोली लगने से बांह बेकार हो गयी।
7.	श्री अभिलास भर	खीरीकोठा	कमर के पास पेडू में गोली लगी है।
8.	श्री गनेश सिंह	अम्भा	छाहिने बांह बेकार हो गयी।
9.	श्री सत्यदेव सोनार	परसपुर	छाहिनी जांघ में गोली लगी थी।

10.	श्री रामनगीना पांडेय	गोपलापुर	बायें बांह की पसली में गोली लगी थी।
11.	श्री बल्ली सिंह	नेतुआपुर	बायें बांह में गोली लगने से बांह कमजोर हो गयी।
12.	श्री बैजनाथ राम	मुसाडोही	पसली में गोली लगी थी।
13	श्री बसन्त गौड	चौहानपुर	जांघ के ऊपरी पट्टे में गोली लगी थी।
14.	श्री जयनाथ तेली	गाजियापुर	छाहिने बा हके बीच में गोली लगी थी।
15.	श्री रामदेव मल	बस्ती	छाहिने बा हके बीच में गोली लगी थी।
16.	श्री जयनाथ मल	सीधा	छाहिने बा हके बीच में गोली लगी थी
17.	श्री रामप्रसाद कोइरी	गाजियापुर	प्सली की हड्डी टूट गई है।

कहा जाता है कि उक्त लोगों के अतिरिक्त थाने के समीप सिवान के खेतों में भी अपरिचित जनों की लाशें देखी गयी थी जो कदाचित अन्यत्र के निवासी थे।

मधुवन क्रान्ति के अग्रणी शहीद राम नक्षत्र पाण्डेय से लेकर बिग्रेडियर उस्मान तक क जन्म स्थली है जिस पर हम सब को गर्व है। इस धरती ने स्व. पं. अलगूराय शास्त्री, स्व. स्वामी सत्यानन्द जी, स्व. झारखण्डेय राय, स्व. जय बहादुर सिंह, स्व. उमराव सिंह, स्व. रामसुन्दर पाण्डेय जैसे महान सपूतों को पैदा किया है। जिन्होने आजादी की अलख जगायी थी।

स्वाधीनता संग्राम में मऊ के इंदारा के लोगों की भूमिका

पुस्तक में भारत वर्ष का सम्पूर्ण राष्ट्रीय स्वरूप झलकता है जिसमें सभी राष्ट्रीय नेताओ, अमर शहीदों, राष्ट्र कवियों प्रमुख स्वतंत्रा संग्राम सेनानियों तथा स्वतंत्रता सम्बन्धित सभी प्रमुख राष्ट्रीय घटनाओं पर प्रकाश डाला गया है।

17 अगस्त सन् 1942 का वह ऐतिहासिक दिन जब इन्दारा की धरती खून से लाल हो उठी। तत्कालीन जनपद आजमगढ़ के डी.एम. मिस्टर नेब्लेट और उसके सहायक पुलिस कप्तान कोमल सिंह की तानाशाही और दरिन्दगी की तब हद हो गयी जब बेकसूर शान्तिमय जनता के ऊपर अकारण बिना पूर्व सूचना के गोली बरसाई गयी। मानवता कराह उठी, गगन थर्रा उठा, धरती कांप गयी। बस केवल दोष उनका इतना था कि वे शान्तिमय तरीके से अपने अधिकार और स्वतंत्रता की माँग कर रहे थे।

डी.एम नेब्लेट मधुबन गोली काण्ड से क्षुब्ध तथा रूष्ट होकर मऊ में आकर बैठा था। इन्दारा से सूचना मिलने पर उसके आदेश से गोरी सेना के 21 सैनिको की एक टुकड़ी ने इन्दारा जंक्शन पर बर्बरतापूर्वक अत्याचार तथा नग्न ताण्डव किया। अनगिनत लोग घायल हुए मारे गये तथा शहीद हुए यहाँ तक की छोटे नन्हें मुन्ने बालक भी नहीं बख्शे गये। दूध मुहे बच्चे तक माँ की गोद में गोली खाकर शहीद हुए।

मरने वाले सभी गरीब मजदूर किसान थे जो कि देश की आजादी के लिए संघर्ष करते हुए शहीद हुए। वे अशिक्षित निर्धन होते हुए भी देश भक्त इन्सान थे। उन्हें प्राण से बढ़कर देश की आजादी प्यारी थी। गोली खाने, जेल जाने तथा देश पर मर कर शहीद होने वाले किसी जाति, पन्थ, संप्रदाय के न होकर आजादी के दिवाने भक्त मतवाले और मातृ भूमि के प्रेमी सभी भारतवासी थे।

कथावस्तु

यूँ तो जब कभी अत्याचार का प्रारम्भ हो जाता है तो उसी दिन से उसका विरोध भी शुरू हो जाता है चाहे दबी जुबान से या खुली जुबान से। जिसमें साहस होता है वह खुलकर अत्याचार का विरोध करता है जो कमजोर होता है वह दबे स्वर से ही सही उस अत्याचार का विरोध करता है। लेकिन विरोध दोनो करते है यही स्थिति देश की स्वतंत्रता के लिए भी हुई। सन् 1857 से लेकर स्वतंत्रता के वर्ष 15 अगस्त सन् 1947 तक लगभग 90 साल तक लगातार स्वतंत्रता का संघर्ष चलता रहा। लाखो कुर्बानियों के बाद हमें स्वतंत्रता दर्शन का सौभाग्य प्राप्त हुआ। इस संघर्ष में न जाने कितने ज्ञात-अज्ञात वीर शहीदों ने मातृ भूमि को स्वतंत्रत कराने के लिए अपने प्राणों की आहूति दे दी। कितनी माँ बहनों का सिन्दूर लूट गया। कितने घर विरान हो गये। अपने ही भाई बन्धु ब्रिटिश हुकूमत की जेलों की काल कोठरियों में. अपने प्राणों की बलि दे दी। सबका एक जगह वर्णन करना कठिन तथा दुष्कर कार्य है। देश के पूरब से लेकर पश्चिम तक उत्तर से लेकर दक्षिण तक हिन्दू से लेकर मुसलमान तक सिख से लेकर आदिवासी अमीर से लेकर गरीब तक जब जिसने जैसा मौका पाया अपनी भारत माता की परतन्त्रता की बेड़ियों को काटने का काम किया।

इन्दारा रेलवे स्टेशन (जंक्शन) जो पूर्वी उत्तर प्रदेश के मऊ जनपद में पड़ता है। पहले यह स्टेशन आजमगढ़ जनपद में पड़ता था। यह स्टेशन भारत के हर भाग से ट्रेन सेवा द्वारा जुड़ा है। इसी स्टेशन पर 17 अगस्त सन् 1942 के दिन घटी घटना का चित्रण किया गया है। देश को स्वतंत्र कराने में लेखको, कवियों उर्दू शायरों, लोक गायकों, तथा प्रमुख देशभक्त मुसलमानों के योगदान का विस्तृत रूप से वर्णन किया गया है। जिन्होने देश को स्वतंत्र कराने के लिए अपना सब कुछ निछावर कर दिया है। उनके योगदान पर विस्तृत रूप से इसके अन्दर चर्चा की गयी है।

जिसमें उत्तर प्रदेश के प्रमुख शहीद धामों में काकोरी, चौरी चौरा, युसुफपुर मुहम्मदाबाद (शहीद नगर) गाजीपुर थाना बैरिया (जिला बलिया) मधुबन (मऊ) इत्यादि।

गांधीजी के "अंग्रेजों भारत छोड़ो आन्दोलन" के समय 17 अगस्त सन् 1942 के दिन की घटना केन्द्र बिन्दु है। इसी दिन को इन्दारा क्षेत्र के चारो तरफ की निहत्थी जनता ने अपने देश को स्वतंत्र कराने के लिए स्टेशन पर चढ़ाई कर दी तथा चारो तरफ से स्टेशन को घेर लिया क्योंकि उस समय अगस्त क्रान्ति की ज्वाला धधकती पूरे भारत में जल रही थी। चारो तरफ तोड़ फोड़ तथा जन आन्दोलन चल रहा था। जनता की भीड़ ने स्टेशन को घेर लिया तथा भीड़ उग्र रूप धारण करती हुई स्टेशन में आग लगा दी। स्टेशन के कुर्सी, मेज, फर्नीचर, सरकारी कागजात जल कर राख हो गये। रेल के खम्भे उखाड़ दिये गये। लाइन काट दी गयी। तार तोड़ डाले गये। इन्दारा स्टेशन से ब्रिटिश सरकारी का अन्त कर दिया गया था।

सरकारी रेल कर्मचारियों द्वारा तत्कालीन जनपद आजमगढ़ के डी.एम. मिस्टर नेब्लेट को तार द्वारा सूचित गया जो मधुबन काण्ड से क्षुब्ध होकर मऊ में आकर बैठा था। डी.एम. ने सूचना पाते ही अपने सहायक कप्तान कोमल सिंह के साथ 21 सैनिकों की गोरी पलटन की सहायक टुकड़ी लेकर एक स्पेशल ट्रेन की बोगी द्वारा इन्दारा के लिए कूच कर दिया। डी.एम. नेब्लेट इन्दारा स्टेशन पर पहुँचते ही शांतिमय तरीके से घर वापस जाती हुई जनता की भीड़ पर गोली चलाने का आदेश दे दिया। जिसमें तीन व्यक्ति शहीद हुए अनेकों लोग गोली खाकर घायल हुए। कितने निरीह पशु पक्षी मारे गये उसका वर्णन करना कठिन है। शहीद होने वालों में मेरे गाँव महुआर के 25 वर्षीय अमर शहीद हरिहर सिंह गोली खाकर शहीद हुए तथा ग्राम मुहम्मदपुर के बंशी राजभर का दो वर्षीय बालक मुन्ना राजभर अपनी माँ की गोद में ही सेना की गोली खाकर शहीद हुआ तथा एक और अज्ञात व्यक्ति शहीद हुआ जिसकी पहचान नहीं हो सकी।एक देश भक्त ट्रेन चालक उसकी चालाकी के कारण हजारों लोगों की जान की रक्षा हो सकी का वर्णन बड़े रोचक ढंग से प्रस्तुत किया गया है। एक वीर महिला देवराजी यादव की कहानी भी अपने आप में बेमिसाल है जिसने जान पर खेल कर अपने परिवार की रक्षा की लेकिन गोरी सेना को घर के अन्दर प्रवेश नहीं करने दिया। इन्दारा के पास कटवास कुटी का विस्तृत रूप से वर्णन किया गया है जो गोरी सेना द्वारा जला दी गयी थी तथा क्रान्तिकारियों का गुप्त केन्द्र थी। इन्दारा के संघर्ष में ग्राम मुहम्मदपुर, कसारा, इन्दारा, महुआर, जमीन बेरूकी, जमदरा, डीघिया, लखनी सहुआरी, सेमरी, जमालपुर, मड़ई, सोहनरियां, इटकोहवां, सम्भरूआ, चकरा इत्यादि गाँवों के कई हजार जनता ने भाग लिया था। पुस्तक के अन्दर 17 अगस्त के दिन की क्रान्तिकारी घटना का मार्मिक वर्णन किया गया है ब्रिटिश साम्राजवाद के विरूद्ध ऐसी जनता जो अपने देश को स्वतंत्र कराने हेतु सम्पूर्ण बाधाओं से जूझने को तत्पर थी और ब्रिटिश सरकार द्वारा बेदर्दी से उसका दमन कर दिया गया। यह पुस्तक उसी घटना पर आधारित है।

उन बातों को बड़े परिश्रम के साथ गाँव गाँव भ्रमण करके क्रान्तिकारियों के दुर्लभ पत्र, दुर्लभ अभिलेख, स्वतंत्रता संग्राम सेनानियों के जेल रिकार्ड तथा उनके चित्रों शहीदो के दुर्लभ सरकारी रिकार्ड संकलित किया गया है। यूँ तो भारत में शहीदों स्वतंत्रता संग्राम सेनानियों की बहुत लम्बी सूची है भारतीय स्वतंत्रता संग्राम शहीदों के समुद्र से भरा पड़ा है उसमें से जो कुछ मोती मैं चुन सका आप के सम्मुख प्रस्तुत कर रहा है। मुझसे जो भी त्रुटि हुई होगी आप पाठको से क्षमा चाहूँगा। पुस्तक के अन्त में पुस्तक की सत्यता के प्रमाण के लिए सन्दर्भ सूची क्रान्तिकारियों के जेल रिकार्ड की सूची लगायी गयी है जो पुस्तक के सत्य होने का प्रमाण प्रस्तुत करती है।

देश को स्वतंत्र कराने में लेखकों कवियों, उर्दू शायरों, लोक गायकों तथा प्रमुख देशभक्त मुसलमानों के योगदान का विस्तृत रूप से वर्णन किया गया है जिन्होने देश को स्वतंत्र कराने के लिए अपना सब कुछ निछावर कर दिया है। उनके योगदान पर विस्तृत रूप से इस पुस्तक के अन्दर चर्चा की गयी है।

भारत के कुछ शहीद स्थलों को भी पुस्तक के अन्दर दर्शाया गया है। जिसमें उत्तर प्रदेश के प्रमुख शहीद धामों में काकोरी, चौरी-चौरा, यूसुफपुर-मुहम्मदाबाद (शहीद नगर), गाजीपुर, थाना बैरिया (जिला बलिया), मधुबन (मऊ) इत्यादि।

उत्तर प्रदेश के शहीद धाम

1. चौरी-चौराः गोरखपुर जिले के चौरी-चौरा थाना पर सन् 1922 में क्रुद्ध तथा क्षुब्ध भी द्वारा थाना घेर लिया गया तथा तत्कालीन दरोगा सहित 21 सिपाहियों को थाने के अंदर घेर कर चारों तरफ से लकड़ी का टाल लगाकर और मिट्टी का तेल छिड़क कर थाने में आग लगा दी गयी। जिसमें दरोगा सहित सभी सिपाही आग में जलकर भष्म हो गये।

राष्ट्रपिता महात्मा गाँधी को क्षुब्ध होकर सन् 1922 में असहयोग आन्दोलन स्थगित करना पड़ा। यह घटना पुलिस अत्याचार से तंग जनता के आक्रोश का परिणाम थी। जिसमें 175 लोगों को फांसी की सजा हुई। "पं. मदनमोहन मालवीयजी" ने जनता की तरफ से मुकदमा की पैरवी किया था। यह घटना भगवान अहीर नामक एक कांग्रेसी कार्यकर्ता की पुलिस द्वारा बर्बरतापूर्ण पिटाई के फलस्वरुप घटित हुई थी। जो भारत के इतिहास में "चौरी-चौरा" नामक काण्ड के रुप में प्रसिद्ध है।

2. काकोरी के अमर शहीदः लखनऊ के पास काकोरी स्टेशन पर कलकता डाउन-8 से क्रान्तिकारियों द्वारा सरकारी खजाना लूट लिया गया। जिसके फलस्वरुप इस केस के चार अभियुक्तों पं. राम प्रसाद 'बिस्मिल' को गोरखपुर, अश्फाकुल्लाह खाँ को जिला फैजाबाद जेल, रोशन सिंह को इलाहाबाद तथा राजेन्द्र लाहिड़ी को गोंडा जेल में फांसी की सजा दी गयी।

इन शहीदों को सन् 1927 में फांसी की सजा हुई थी क्रान्तिकारी लेखक मन्मननाथ गुप्ता अल्पायु होने के कारण फांसी से बच गये जो अपने क्रान्तिकारी साथियों के साथ फांसी न पाने के कारण सड़को पर रात-दिन घूम-घूम कर रोते रहते थे।

जिनके जीवन का लगभग 20 वर्ष ब्रिटिश सरकार की जेलों में बीता। उन्होंने अपने साथ के साथी क्रान्तिकारियों पर बहुत सी पुस्तकें लिखी है। जिनमें "सिर पर कफन बांध कर" तथा कई क्रान्तिकारियों से जुड़ी हुई उनके द्वारा लिखी गयी पुस्तकें हैं। जो भारतीय स्वतन्त्रता संग्राम के संघर्ष की अमूल्य धरोहर है।

3. मधुबन के अमर शहीदः सन् 1942 की क्रान्ति में 15 अगस्त के दिन मधुबन थाने को जनता की उग्र भीड़ ने घेर लिया। तत्कालीन डी0एम0 मिस्टर नेब्लेट के आदेश से जनता की उग्र भीड़ पर सेना द्वारा चलाई गई गोली से 36 लोग मारे गये तथा शहीद

हुए। जिसमें रामनक्षत्र पाण्डेय, मुन्नी कुँवर सिंह, विभूति सिंह, रमापति तिवारी, हनीफ दर्जी, सुमेर गड़ेरी, कुमार माँझी, लक्षनपति कोइरी, बनवारी, बन्धु नोनियां, राजदेव कांदू, शिवधन हरिजन, रघुनाथ राजभर का नाम भारत के स्वतन्त्रता संग्राम के इतिहास में स्वर्णाक्षरों में अंकित है इसी काण्ड के स्वतंत्रता संग्राम सेनानी रामनारायण सेठ तथा विश्वनाथ सोनार प्रमुख हैं। जिनके बारे में तत्कालीन जिलाधिकारी मिस्टर नेब्लेट ने लिखा है कि ''गोली सभी शहीदों के सामने से छाती पर लगी थी किसी भी शहीद के पीठ में पीछे से गोली नहीं लगी थी''।

4. यूसुफपुर ''शहीद नगर'' मुहम्मदाबाद : गाजीपुर जिला के युसुफपुर मुहम्मदाबाद तहसील पर सन् 1942 में डॉ. शिवपूजन राय के नेतृत्व में तहसील पर तिरंगा झंडा फहराने को लेकर जनता तथा पुलिस में संघर्ष हुआ जिसमें 13 लोग पुलिस की गोली खाकर शहीद हुए। बेसो नदी का पानी शहीदों के खून से लाल हो गया था उन शहीदों की वीरता की कहानी का स्मृति चिन्ह यहाँ का शहीद स्मारक है।

5. थाना बैरिया के शहीद : सन् 1942 में पूर्वी उत्तर प्रदेश के बलिया जनपद के बैरिया थाना पर जनता द्वारा तिरंगा झंडा फहराने के लिए हुए विवाद में थानेदार ने जनता के सामने आत्मसमर्पण कर दिया। नारायणगढ़ के कौशल सिंह के नेतृत्व में 28 लोगों ने ब्रिटिश पुलिस की गोली खाकर अपनी शहादत दी तथा भारत माता के लिए शहीद हो गये। इन शहीदों की गाथा अभी भी लोगों की जुबान पर याद हैं। इन वीर शहीदों के योगदान को भुलाया नहीं जा सकता है।

ऐसे उत्तर प्रदेश तथा भारत वर्ष में कितने ज्ञात अज्ञात शहीद धाम हैं जो उपेक्षित पड़े है। जिनको पूछने वाला कोई नहीं है। शहीदों की स्मृतियाँ खोती जा रही हैं, जिन्हें पुनर्जिवित करना आज की आवश्यकता है। इसी स्वतन्त्रता के लिए वीर शहीदों ने अपने प्राणों की आहुति दी थी।

हम सभी लोगों को उन शहीदों के प्रति मन में सच्ची श्रद्धा तथा उनके प्रति प्रेम रखना चाहिए तभी राष्ट्र का हित होगा।

स्वतंत्रता के संघर्ष में साहित्यकारों की अहम भूमिका

भारतीय स्वतन्त्रता संग्राम में चाहे सन् 1857 की गदर हो या सन् 1942 का स्वतंत्रता संग्राम, कवि शायरों तथा लेखकों की महान भूमिका रही है। उन्होंने अपनी कविता तथा लेखनी के माध्यम से देश को जगाने का कार्य किया है। जैसे शहीदे आजम सरदार भगत सिंह की फांसी पर पूरे देश में किसी कवि की यह कविता गायी जाती थी कि-सरताज नौजवानों का मरदाना भगत सिंह।

शहीदे आजम सरदार भगत सिंह, सुखदेव, राजगुरु की फांसी को कवि शायरों, लेखकों तथा लोकगीत कलाकारों ने लोकगीत के माध्यम से भारत के जन-जन में पहुँचाया

जिससे युवकों को स्वतन्त्रता की प्रेरणा मिली।

इन कवि लेखकों में भारतेन्दु बाबू हरिशचन्द ने सर्व प्रथम लेखनी द्वारा आजादी की अलख जगायी गांधीयुग के लेखक मुंशी प्रेमचनद तथा शहीद गणेशशंकर विद्यार्थी प्रसिद्ध हैं। जिन्होंने अपनी लेखनी से आजादी के लिए भारतीय जनमानस को प्रेरित किया। मुंशी प्रेमचन्द की पुस्तक ''सोज़े वतन'' सरकार द्वारा जब्त कर दी गयी तथा उसकी प्रतियां जला दी गयीं शहीद गणेश शंकर विद्यार्थी ने अपनी पत्रिका प्रताप के माध्यम से देश को जगाया तथा नौजवानों को देश पर मर मिटने के लिए प्रेरित किया।

राष्ट्र कवियों में राष्ट्रकवि दादाजी माखनलाल चतुर्वेदी, रामधारी सिंह 'दिनकर' श्रीमती सुभद्रा कुमारी चौहान की ''झांसी की रानी लक्ष्मी बाई'' तथा मैथिलीशरण गुप्त की ''भारत-भारती'' ने भारतीय जनमानस को देश पर मर मिटने के लिए प्रेरित किया तथा पूरे देश को झकझोर कर रख दिया युवकों को इससे बड़ी प्रेरणा मिली। गुप्तजी की रचना ''भारत-भारती'' पर ब्रिटिश सरकार ने प्रतिबन्ध लगा दिया। परन्तु यह पुस्तक घर-घर मे फैल चुकी थी। उर्दू लेखकों पत्रकारों तथा शायरों ने उर्दू भाषा के माध्यम से देश को जगाने का कार्य किया। इन शायरों में जोश मलीहाबादी, सरदार जाफरी, रघुपति सहाय फिराक गोरखपुरी, ''इन्कलाब जिन्दाबाद'' का नारा लगाने वाले मौलाना हसरत मोहानी, जामी चिरैयाकोटी, शमीम करहानी (मऊ), इकबाल सुहैल, शिब्ली नोमानी (आजमगढ़) तथा मौलाना अबुल हसनात फानी (कोपागंज) और अमर शहीद पं. राम प्रसाद बिस्मिल ने अपनी इन्कलाबी शायरी के माध्यम से देश में आजादी की अलख जगायी जा भारतीय इतिहास में अमर हैं उन ज्ञात अज्ञात सभी लेखकों, पत्रकारों का स्वतन्त्रता संघर्ष में बहुत बड़ा योगदान रहा है जिसे भुलाया नहीं जा सकता।

कविता

उठती है आवाज वतन से सरहद के सम्मान की।
भारत माँ को चाह आज है अपने पुत्र जवान की।।
आजादी जो पायी हमने कभी न इसे गँवायेंगे।
आजादी की कीमत को अब कभी नही झुटलायेंगे।।
रखेंगे इसको कायम हम आये नौबत कुर्बान की।
उठती है---------------------

रहा सदा से भारत का जा ताज हिमालय प्रहरी।
इसके ऊपर आकर ही आँखे दुश्मन की ठहरी।।
उन आँखों को फोड़ हमें रक्षा करनी है आन की।
उठती हैं---------------------

दयाशंकर तिवारी, मऊ

जनूने हुब्बे वतन का मजा शबाब में है।
लहू में फिर यह रवानी रहे रहे न रहे।।

अपने देश पर जब भी बाहरी आक्रमण हुआ है सारा राष्ट्र मजबूती के साथ संकट का मुकाबिला करने के लिए एक साथ उठ खड़ा हुआ है। सारे जाति, पंथ सम्प्रदाय के लोग अपने सभी मतभेदकों भुलाकर देश की रक्षा के लिए एकता का परिचय दिया है।

चाहे सन् 1857 का स्वतन्त्रता संग्राम हो या सन् 1942 का "अंग्रेजों भारत छोड़ो आन्दोलन" या देश की आजादी के लिए फांसी पर चढ़ने की बात ही क्यों न हो?

ऐसा ही हमारे देश के मुस्लिम सम्प्रदाय का इतिहास में उदाहरण मिलता है सन् 1857 के संघर्ष में अंग्रेजों से युद्ध करते हुए झांसी की रानी के साथ उनके अजीमुल्लाह सरदार तथा पठान तोपची गौस खाँ तथा उसी समय नकी खाँ, नबी खाँ दिल्ली के बादशाह बहादुरशाह जफर, बेगम हजरतमहल, जीनतअमान का योगदान हमारे सामने है। फाँसी पर चढ़ने के समय यह कौम किसी से पिछे नहीं रही। यदि उत्तर प्रदेश में काकोरी काण्ड के क्रान्तिकारी शहीद अश्फाकुल्ला खाँ थे तो महाराष्ट्र से दो नौजवान अब्दुल गफूर और इसराईल अल्लारखा का प्रमाण हमारे सामने है इन दोनों नौजवानों पर ब्रिटिश सरकार का आरोप था कि थाना पर जनता की भीड़ को पुलिस पर आक्रमण करने के लिए इन दोनों नवजवानों पठानों ने उकसाया है। जिसके फलस्वरुप इन दोनों नौजवान इसराईल अल्लारखा और अब्दुल गफूर को फांसी की सजा मिली। क्योंकि दोनों थानों पर दो पुलिस कर्मी की हत्या हुई थी हत्या का आरोप इन दोनों नौजवानों पर लगाया गया था।

अब्दुल गफूर पहलवान थे उन्हें कुस्ती लड़ने का शौक था। इनके अलावा खान अब्दुल गफ्फार खाँ (सरहदी गांधी) हकीम अजमल खाँ भारत की स्वतन्त्रता के लिए संघर्ष की मजबूत कड़ी है जिन्हें पूरा हिन्दुस्तान जानता है। मौलाना हुसैन अहमद मदनी और इनके गुरु मौलाना महमूदुल हसन (शेखुल हिन्द) का त्यागपूर्ण जीवन हिन्दुस्तान के जंगे आजादी में रहा है। मौलाना हुसैन अहमद मदनी चार साल तक मालदा में कैद होकर रहे तथा जेल का जीवन इन्होंने बड़े निर्भय पूर्वक बिताया। ब्रिटिश सैनिक इनके गुरु मौलाना महमूदुल हसन साहब के शरीर को लोहे के संड़सा से दागा करते थे जिससे उनके शरीर की चमड़ी उधड़ गयी थी इस बात को उन्होंने किसी से बताया नहीं उनकी मौत के समय जब दफनाने का वक्त आया तो उनको नहलाते समय अंग्रेजों के अत्याचार का राज खुला तब लोग जान सके कि इनको जेल में कितना कष्ट दिया जाता था। लेकिन इन्होंने इतना कष्ट सहने के बाद भी ब्रिटिश सरकार से माफी माँगना कबूल नहीं किया। इनके अलावा मौलाना अबुलकलाम आजाद, रफी अहमद किदवई का नाम विश्व विख्यात है।

दूसरा नाम आता है आजाद हिन्द फौज के सेनापति शहनवाज खाँ का जिन्होंने

सुभाषचन्द्र बोस के साथ कंधे से कंधा मिलाकर अंग्रेजी साम्राजवाद के खिलाफ संघर्ष किया है इन्हीं के साथ इन्हीं की सेना में कनर्ल हबीबुर्रहमान का नाम भी विश्व विख्यात है।

मधुबन के शहीदों की सूची में गोली खाकर शहीद होने वालों में हनीफ दर्जी, तथा मऊ जनपद के ब्रिगेडियर उस्मान सन् 1965 में भारत-पाक युद्ध के समय परमवीर चक्र विजेता अमर शहीद वीर अब्दुल हमीद और कारगिल में शहीद होने वाले इश्तेयाक अहमद। बांग्लादेश आंदोलन के दौरान मऊ हलधरपुर निवासी कैप्टन रामचंद्र यादव, आजाद हिंद फौज के लेफ्टीनेंट मदन मोहन दुबे तथा इसी जनपद के जंगे आजादी में अहम भूमिका निभाने वाले डॉ. मुख्तार अंसारी का नाम इतिहास में अंकित है। कारगिल में शहीद होने वालों में हनीफ नामक नौजवान का भारतीय इतिहास में स्वर्णाक्षरों में बलिदान अमर रहेगा। जिसे भूलाया नहीं जा सकता।

1942 के इन्दारा क्रान्ति का स्मृति चिन्ह महुआर का शहीद स्तम्भ

15 अगस्त 1942 को इन्दारा के स्वतन्त्रता संग्राम में गोली खाकर शहीद हुए तथा सजा पाये स्वतन्त्रता संग्राम सेनानियों की गाथा स्मारक पर अंकित है।

यह शहीद स्मारक उत्तर प्रदेश सरकार द्वारा निर्मित कराया गया है। यह शहीद स्मारक "अमर शहीद हरिहर सिंह" के नाम पर उत्तर प्रदेश सरकार द्वारा बनाया गया है। जो सन् 1942 में इन्दारा के स्वतन्त्रता संघर्ष में जूझने वाले वीर स्वतन्त्रता संग्राम सेनानियों तथा अमर शहीदों की गाथा का स्मृति चिन्ह है।

शहीदों की चिताओं पर लगेंगे हर बरस मेले।
वतन पर मरने वालों का यहीं बाकी निशां होगा।।

सर फरोशी की तमन्ना अब हमारे दिल में है।
देखना है ज़ोर कितना बाजू-ए-कातिल में है।
वक्त आने दे बता देंगे तुझे ऐ आसमाँ।
हम अभी से क्या बताएं क्या हमारे दिल में है।
अब न अगले वलवले हैं और न अरमानों की भीड़।
सिर्फ मिट जाने की हसरत अब दिले बिस्मिल में है।।

पं. राम प्रसाद 'बिस्मिल'

सन् 1857 से 1942 के स्वतंत्रता संग्राम में मऊ जनपद का राजनीतिक इतिहास

चाहे सन् 1857 के प्रथम स्वतंत्रता संग्राम का संघर्ष रहा हो या सन् 1942 का "अंग्रेजों भारत छोड़ों आन्दोलन"। मऊ जनपद सदा अग्रणी रहा है। सन् 1857 के प्रथम स्वतंत्रता संग्राम में इस जिले के परदहां ब्लाक के ठाकुर जालिम सिंह, राजाबेनी प्रसाद, रानी इरादत जहाँ तथा ठाकुर परगन सिंह ने अहम भूमिका निभाई थी।

1 अप्रैल 1857 को जनपद मऊ के दोहरीघाट स्थित गौरीशंकर घाट पर सरयू के किनारे क्रान्ति की योजना बना रहे क्रान्तिकारियों पर अंग्रेजों ने सामूहिक गोली वर्षा की जिसमें किसी तरह ठाकुर जालिम सिंह गोली से बचकर भाग निकले।

बाद में जालिम सिंह ने अपने साथियों के साथ मिलकर जीन जून सन् 1857 को आजमगढ़ कलक्ट्री कचहरी पर अपना अधिकार जमा लिया तथा आजमगढ़ जनपद 22 दिनों तक स्वतंत्र रहा लेकिन 26 जून सन् 1857 को दोहरी घाट में बैठा हुआ नील गोदाम के मालिक बेनी बूल्स ने बाहरी अंग्रेजी सेना के बल पर आजमगढ़ पर कब्जा कर लिया, आजमगढ़ को क्रान्तिकारियों के चंगुल से मुक्त करा लिया।

मऊ जनपद के बहादुरों की गाथा सुनकर बिहार के 70 वर्षीय वीर रणवाँकुरा योद्धा वीर कुँवर सिंह मऊ जनपद के दुबारी गाँव में प्रवेश किये। दुबारी गाँव में ही क्रान्ति की योजना बना करके मऊ जनपद के विभिन्न स्थानों पर अंग्रेजों से युद्ध किया।

आजमगढ़ जनपद के सिधारी नामक स्थान पर तमसा तट पर कुँवर सिंह की सेना और अंग्रेजी सेना के बीच में युद्ध हुआ कुँवर सिंह को यहाँ से गाजीपुर जाना था लेकिन आजमगढ़ जनपद के शाहगढ़ नामक स्थान पर अंग्रेजी सेना ने कुँवर सिंह की सेना पर पुनः आक्रमण कर दिया। कुँवर सिंह की सेना के सामने अंग्रेजी सेना को घुटना टेकना पड़ा। शाहगढ़ से कुँवर सिंह ने गाजीपुर न जाकर अपने मार्ग में परिवर्तन कर लिया और वहाँ से मधुबन दुबारी होते हुए बलिया चले गये। बलिया जाते समय तत्कालीन कस्बा घोसी के बड़े जमीनदार मुंशी कुबेर नाथ, सुमेरनाथ के वंशजों के यहाँ वीर कुंवर सिंह ने एक रात शरण लिया इन्हीं जमीनदार परिवार के कमला कान्त, शशीकान्त (पिता-पुत्र) क्रमशः हाईकोर्ट, इलाहाबाद के न्यायधीश रह चुके है।

बलिया के मुजवना में सरयू नदी के किनारे उस समय के बहादुर बड़े जमींदार ठाकुर रामबरन सिंह ने कुँवर सिंह की सेना को एक दिन का भोजन तथा घोड़ों को चना देने की व्यवस्था की। रामबरन सिंह ने स्वतंत्रता के प्रथम संग्राम में रणबहादुर वीर कुँवर सिंह की सहायता करके अपने को भारत के प्रथम स्वतंत्रता संग्राम सेनानियों में अपना नाम अमर कर लिया।

सन् 1857 के संघर्ष के बाद सन् 1942 के ''अंग्रेजों भारत छोड़ों आन्दोलन'' में मऊ जनपद ने अहम भूमिका निभाई, दुबारी के कांग्रेस कार्यालय को अंग्रेजों द्वारा जला दिया गया। तत्कालीन मधुबन के दरोगा मुक्तेश्वर सिंह ब्रिटिश शासन के बल पर हमेशा नशे में चूर रहता था। तथा लोगों पर हमेशा अत्याचार किया करता था। सन् 1942 के आन्दोलन में जनता ने दरोगा के अत्याचार से क्षुब्ध होकर 15 हजार की भीड़ के साथ मधुबन थाने को घेर लिया उस समय वहाँ पर आजमगढ़ जनपद के तत्कालीन जिलाधिकारी मिस्टर नेब्लेट भी मौजूद था। 15 अगस्त 1942 का दिन था जिलाधिकारी मिस्टर नेब्लेट के आदेशानुसार जनता की भीड़ पर पुलिस ने गोली की वर्षा की जिसमें 36 लोग शहीद हुए। जिसका वर्णन हम आगे पढ़ेगें।

पिपरीडीह ट्रेन डकैती काण्ड में का. जय बहादुर सिंह के नेतृत्व में सन् 1938 में ट्रेन को कृष्णदेव राय, ज़ामिन अली (चौरी-चौरा), उदयनारायन दुबे, केशव शुक्ला, बी0के0 स्वरदत्त, जगरनाथ मिश्रा, तेज प्रताप सिंह इत्यादि लोगों के द्वारा ट्रेन से सरकारी खजाना लूट लिया गया। इस काण्ड की अध्यक्षता वीरूपाक्ष आंगदी पुत्र गुरुदास अप्पा (कर्नाटक) ने किया था। क्योंकि क्रान्तिकारियों के सामने धन की बड़ी कमी थी।

15 अगस्त सन् 1942 के मधुबन काण्ड के बाद जनपद मऊ के खुरहट पर उत्तेजित जनता की भीड़ ने तोड़-फोड़ किया तथा स्टेशन में आग लगा दिया। जिसमें रामदरस राय शर्मा (जहनियांपुर), सुदाना चौहान (फैजुल्लाहपुर), धनपति चौहान, चन्द्रजीत राय, सत्यराम सिंह (कल्याणपुर), रामबिलास पाण्डेय, सूर्यवंश पुरी इत्यादि लोगों ने भाग लिया। इस काण्ड में शिवराज राय तथा फूलचन्द्र उपाध्याय को गिरफ्तार कर जेल भेज दिया गया।

15 अगस्त सन् 1942 के दिन सत्यराम सिंह के नेतृत्व में धोसी व कोपागंज के मध्य कल्याणपुर के सामने रेल की पटरी व टेलीफोन के तार उखाड़ लिए गये। सत्यराम सिंह इसी गाँव के निवासी थे। एक वर्ष बाद उन्हीं के गाँव के स्वतन्त्रता संग्राम सेनानी पंडित दल सिंगार पाण्डेय के नेतृत्व में सन् 1946 के जनवरी महीने में घोसी और कोपागंज के बीच पुलिया तोड दी गयी। जनपद के ग्राम काझा स्थित अंग्रेजों की छावनी को जनता द्वारा लूट लिया गया जिसमें इस गाँव के स्वतंत्रता संग्राम सेनानी स्व. मदन दूबे, लालबिहारी सिंह, विश्वनाथ सिंह, दामोदर सिंह इत्यादि लोगों ने भाग लिया था। उस छावनी पर मिस ग्रियर्स और उसकी छोटी बहन रहती थी जो बाद में कोलकाता चली गयी।

इसी जनपद में अमिला बाजार के रहने वाले स्व. पंडित अलगू राय शास्त्री तथा पूर्व सांसद झारखण्डेय राय थे। अलगू राय जी का घर अंग्रेजों द्वारा जला दिया गया। अमिला टाउन एरिया के कार्यालय को राधे राय, रामचन्द्र राय, बलदेव राय, पटेश्वरी राय ने फूंक दिया इस काण्ड में ब्रिटिश सरकार द्वारा पटेशवरी राय को 6 माह की सजा हुई।

दोहरीघाट के अगल-बगल के गाँव रामपुर, धनौली, गोंठा, बुढ़ावर ठाकुर गाँव, सरयां, पतनइ, पुरौली आदि गाँवों के देश भक्त लोगों ने मिलकर दोहरीघाट का डाकखाना जला दिय तथा डाक बंगला, रेलवे स्टेशन सरकारी भवनों का ताला तोड़ डाला तथा उसमें आग लगा दिया। रेल की पटरी उखाड़ दी। गोंठा के दक्षिण पक्की सड़क की पुलिया तोड़ दी गयी। आजमगढ़, दोहरीघाट मार्ग पर चिऊटीडाड़के सामने सड़क को काट करके आजमगढ़, दोहरीघाट मार्ग को अवरुद्ध कर दिया गया।

17 अगस्त सन् 1946 को मुहम्मदाबाद-खुरहट के बीच रेलवे लाइन उखाड़ने तथा दूर संचार भंग करने का काम किया गया। समूचे क्षेत्र की जनता ने कादीपुर के रामधारी राय के नेतृत्व में इस काम को अन्जाम दिया। तत्कालीन जिलाधिकारी मिस्टर स्टूवर्ट ने रामधारी राय को जेल में लाठियों से पिटवाया। रामधारी राय हर लाठी की चोट पर बन्दे मातरम् तथा भारत माता की जय का नारा बोलते रहे।

आजादी मिलने पर सरकार से मिलने वाली सरकारी सुविधा को रामधारी राय ने लेने से इन्कार कर दिया और कहा कि माँ की सेवा का मोल नहीं लूंगा। मऊ के राधेरमण अग्रवाल का उस समय तीन लाख रुपये का नुकसान हुआ था दो वर्ष जेल की सजा तथा ब्रिटिश सरकार द्वारा उनका घर तथा दुकान लूट दी गयी थी।

21 अगस्त सन् 1942 को रामलखन सिंह, श्यामनारायन सिंह, के नेतृत्व में क्रान्तिकारियों की टीम ने मऊ-पिपरीडीह के बीच रेलवे लाइन को उखाड़ दिया तथा संचार व्यवस्था को भंग कर दिया। आजमगढ़ के तत्कालीन जिलाधिकारी मिस्टर हरडी तथा कप्तान मिस्टर पिंग के नेतृत्व में आयी अंग्रेजी फौज ने दोहरीघाट हरिजन गुरुकुल में लूट-पाट किया तथा सारे भवन में आग लगा दी।

गुरुकुल के कार्यकर्ता देवपति सिंह, क्षमानन्द, सुखराज तथा स्वामी सत्यानन्द को गिरफ्तार करके जेल भेज दिया गया। मऊ जनपद के मुख्यालय से 5 किमी. पश्चिमोत्तर तमसा नदी के निर्जन एवं विरान स्थान में स्थित बैराठपुर तथा इसी गाँव के ठीक सामने नदी उस पार लगभग 2 किमी. दूर ग्राम फैजुल्लाहपुर में सन् 1942 की क्रान्ति के समय क्रान्तिकारियों के गुप्त अड्डे थे जहाँ उनकी गुप्त योजनाएं बनती थीं। जनपद स्थित मऊ जीवनराम इण्टर कालेज के छात्रों ने 1938 में दल सिंह (इमलिया डीह) नामक छात्र के नेतृत्व में अपनी कक्षाओं का बहिष्कार किया तथा सरकार विरोधी नारा लगाते हुए मुख्य बाजार में जुलूस निकाला।

इसी जनपद के मुख्यालय पर सन् 1942 में रौजा के मैदान में दुखीराम तथा कालिका प्रसाद ब्रिटिश पुलिस की गोली खाकर शहीद हुए जिनके स्मृति में सिन्धी कालोनी में शहीद स्मारक स्थित है।

मऊ जनपद के इन्दारा स्टेशन पर 17 अगस्त सन् 1942 के दिन एक बजे दिन में लगभग 4-5 हजार जनता की उग्र भीड़ ने स्टेशन पर तोड़-फोड़ किया तथा रेलवे की कुर्सियां एवं फर्निचर तोड़ डाले गये, सरकारी रजिस्टर रिकार्ड इत्यादी जला दिया गया। मऊ से तत्कालीन जिला आजमगढ़ के जिलाधिकारी मिस्टर नेब्लेट के नेतृत्व में स्पेशल ट्रेन की बोगी से आयी हुई गोरी सेना ने स्टेशन से वापस शान्ति पूवर्क जाती हुई जनता की भीड़ पर गोली चलाने का आदेश दे दिया। जिसके फलस्वरुप महुआर गाँव के 25 वर्षीय अमर शहीद हरिहर सिंह तीन गोली खाकर शहीद हो गये तथा 2 वर्षीय बालक मुन्ना राजभर अपनी माँ की गोद में मारा गया कुल 12 व्यक्तियों पर ब्रिटिश शासन द्वारा मुकदमा चलाया गया। जिसमें दो व्यक्ति थाने के एफ.आई.आर. से बच गये 10 व्यक्तियों पर शेषन केस चला 5 व्यक्ति शेषन केस से बरी हो गये। 5 व्यक्तियों को 5 वर्ष की कड़ी सजा तथा 15 कोड़े की सजा सुनायी गयी जिसमें स्वतन्त्रता संग्राम सेनानी विश्वनाथ पाण्डेय को साढ़े सत्रह वर्ष की कड़ी कैद तथा 15 कोड़े की सजा सुनायी गयी।

भारत के महान क्रान्तिकारियों का गुप्त केन्द्र कटवाँस कुटी

जनपद मऊ के इन्दारा स्टेशन से 2 किमी. पश्चिम की तरफ एक गाँव कबवांस हैं। जहाँ अधिकतर लोग किसान है। वहीं पर स्वामी सदाफल देवदास जी के अनुयायी कबीर पंथी साधू रहते है। यहाँ पर एक कुटी है जिसमें स्वामी प्रकाशानन्द जी स्वामी ब्रम्हानन्दजी तथा महिला भक्त देवीजी निवास करती थीं। अंग्रेजों का शासन था। यह कुटी उस समय क्रान्तिकारियों की निवास स्थली थी।

इन संतों के यहाँ अखिल भारतीय समाजवादी पार्टी, रेवोल्यूशनरी पार्टी आफ इण्डिया के क्रान्तिकारी नेता तथा पूर्व सांसद झारखण्डेय राय आया करते थे तथा इन संतों के यहा हिन्दुस्तान के "अखिल भारतीय समाजवादी पार्टी के सदस्यों का आना जाना हुआ करता था। देवीजी जो कबीर पंथ को मानने वाली एक भक्त महिला शिष्या थी। इन क्रान्तिकारियों को भोजन बनाकर खिलाती थी तथा क्रान्तिकारियों को अपने यहा आश्रय देती थी हिन्दुस्तान के सारे क्रान्तिकारियों का सम्बन्ध इस कुटी से जुड़ा हुआ था यहाँ क्रान्तिकारियों का मुख्य केन्द्र व पूर्व सांसद स्वर्गीय क्रान्तिकारी नेता झारखण्डेय राय इस कुटी पर गुप्त रुप से रहकर पूर्वी उत्तर प्रदेश के क्रान्तिकारियों का संचालन करते थे। जिन क्रान्तिकारियों का काकोरी काण्ड, पीपरीडीह ट्रेन डकैती काण्ड सहजनवां, नन्दगंज, और लखनऊ बाराबंकी राजनैतिक नीतियों से सीधा सम्बन्ध था।

इन क्रान्तिकारियों में झारखण्डेय राय जी के साथ बलिया जिला गड़वार के क्रान्तिकारी स्वतंत्रता संग्राम सेनानी स्व. बालेश्वर सिंह और स्व. शिवपूजन सिंह प्रमुख थे। झारखण्डेय राय जी का संबन्ध कबीर पंथ के इस कुटी पर रहने वाले महान संत तथा देश भक्त स्वामी प्रकाशानन्दजी से हो गया था। जो प्रकाशानन्दजी दि0 26.06. 1940 में बिहार के गया जिला कांग्रेस कमेटी के सक्रिय सदस्य बन गये थे जिसका प्रमाणपत्र कटवांस कुटी से प्राप्त दुर्लभ अभिलेखों तथा उनके पत्रों से मिलता है एएसए प्रकाशानन्दजी झारखण्डेय राय जी के साथ पहले ''अखिल भारतीय समाजवादी पार्टी'' के सदस्य थे। प्रकाशानन्द जी तथा झारखण्डेय राय का सम्बनध बरहज बाजार, देवरिया के बाबा राघव दास से था। हिन्दुस्तान के प्रसिद्ध समाजवादी श्री फरीदुल हक अंसारी बार एटला का सन् 1945 में बलिया जिले का तुफानी दौरा हुआ था। जिनमें बलिया जिले के प्रमुख गाँवों का नाम शामिल है—सहतवार, खेजुरी, सियर, मनियर, सिवान कला, सोहाँव, सिकरियां, हलधरपुर, खरुआँव बेरुवारबारी जिला किसान संघ के सभापति ठाकुर जगरनाथ सिंह तथा काशीनाथ राय मंत्री ने श्री फरीदुल हक अंसारी वार एटला का दोरा अपने नेतृत्व में बलिया जिले में कराया था। यह कटवांस कुटी के दुलर्भ अभिलेख से प्राप्त हुआ है। सन् 1945 में उत्तर प्रदेश के पूर्वी जिलों में फरीदुल हक अंसारी साहब का दौरा हुआ था।

सन् 1946 में झारखण्डेय राय के यहाँ आर.एस.पी. क्रान्तिकारी समाजवादी पार्टी के जीवित शहीद योगेशचन्द्र चटर्जी भी कटवांस कुटी पर आये थे। क्रान्तिकारी लेखक श्री मन्मननाथ गुप्ता की पुस्तक ''सिंर पर कफन बांधकर'' में झारखण्डेय राय जी का उल्लेख मिलता है। श्री गुप्ता ने लिखा है कि झारखण्डेय राय जी कटवांस कुटी पर रहकर के पूर्वी उत्तरप्रदेश के क्रान्तिकारियों का संचालन किया करते थे।

जिसमें आगे कटवांस कुटी के अभिलेख से प्रमाण मिलता है कि स्वामी प्रकाशानन्द जी बिहार के गया कांग्रेस कमेटी के सक्रिय सदस्य बन गये थे। कटवांस गाँव के झकड़ी यादव क्रान्तिकारियों की बड़ी मदद करते थे। यह कटवांस कुटी सन् 1942 में ब्रिटिश सैनिकों द्वारा जला दी गयी थी। तथा कुटी पर रहने वाले सन्तों की बर्बरतापूर्वक पिटाई की गयी थी। ब्रिटिश सैनिक इन्दारा स्टेशन से एक स्पेशल ट्रेन की बोगी से कटवांस गाँव गये थे। स्पेशल ट्रेन को कटवांस गाँव के सामने रोक कर तथा वहाँ से जाकर क्रान्तिकारियों के गुप्तकेन्द्र कटवांस कुटी की गहनता से छान-बीन की तथा साधू-संतों से क्रान्तिकारियों के बारे में पूछ-ताछ किया। संतों के क्रान्तिकारियों के विषय में अनभिज्ञता जाहिर करने पर ब्रिटिश सैनिकों से उन कबीरपंथी संतों को बुरी तरह मारा पीटा, स्वामी प्रकाशानन्दजी तथा झारखण्डेय राय को ब्रिटिश सरकार द्वारा गिरफ्तार कर लिया गया।

भारत स्वतन्त्र होने पर क्रान्तिकारियों के ठहरने का गुप्तकेन्द्र कटवांस कुटी जो जला दी गयी थी सरकार द्वारा उसे बनाने के लिए 5 सौ रुपया मुआवजा स्वरुप मिला था।

परन्तु कुटी को आज तक नहीं बनवाया गया स्वामी प्रकाशानन्दजी ने स्वतन्त्रतासंग्राम सेनानी पेंशन लेना अस्वीकार कर दिया। इस कटवांस कुटी का प्रभाव इन्दारा के सन् 1942 के स्वतंत्रता संग्राम पर भी पड़ा क्योंकि यहाँ की जनता का सम्पर्क इस कुटी से था। यहाँ के दुर्लभ पत्रों तथा अभिलेखों को लेखक ने बड़े परिश्रम से प्राप्त किया है। स्व. सांसद झारखण्डेय राय जी तथा क्रान्तिकारी बालेश्वर सिंह, शिवपूजन सिंह के साथ प्रति क्रान्तिकारी दो ब्रिटिश पुलिस इन क्रान्तिकारियों की क्रान्तिकारी गतिविधियों के ऊपर कड़ी दृष्टि रखने के लिए हमेशा इन क्रान्तिकारियों के साथ रहते थे। हमारे महान देश भक्त नेताओं तथा क्रान्तिकारियों ने बहुत ही कठिन संघर्ष किया तब कहीं जाकर हमें स्वतन्त्रता मिली यह कटवांस कुटी आज उपेक्षित पड़ी है। इसे कोई पूछने वाला नहीं है। अतीत में कभी यह क्रान्तिकारियों के ठहरने का केन्द्र थी जहाँ से क्रान्तिकारी अपनी योजना का सफल पूर्वक संचालन करते थे।

स्वतन्त्रता संग्राम के प्रत्यक्षदर्शियों का कथन

आज से 60 वर्ष से ऊपर की इस घटना के प्रत्यक्षदर्शी मुझसे मिले जिन्होंने इन्दारा की इस क्रान्ति को अपनी आँखों से देखा था तथा अभी वे जीवित हैं। उन्हीं की बात उन्हीं के शब्दों में–

ग्राम मुहम्मदपुर के झगरु राजभर कहते है कि–'हम हरिहर सिंह बाबू के गोली खाके गिरत देखलीं। हमरी सामने गोली खाके छटपटात रहलं औरी गोली खाके शहीद हो गईलं। हरिहर बाबू के गिरते देख के हमरी गाँव क रईमल कहलन कि "एगो मरद गोली खाके गिर गईल त का भईल चलजा कुल जाना गोली खाके शहीद हो जाइल जायी। बाकी भागल ना जाइल जायी चाहे कितनो गोली चली" हरिहर बाबू रामलीला मैदान में रामचबूतरा के पीछे पश्चिम ओर गिरल रहल जहाँ एगो आम के पेड़ रहल ह अब पेड़वा कटा गईल बा।" ऐसे थे मेरे क्षेत्र के तथा देश के वीर नौजवान जो गरीब, अशिक्षित हो सकते थे लेकिन उनके मन में देश के प्रति असीम प्रेम तथा अगाथ श्रद्धा थी उनके देश भक्ति में कोई कमी नहीं थी।

दूसरे प्रत्यक्षदर्शी गवाह महुआर गाँव के अवकास प्राप्त सरकारी कर्मचारी के शब्दों में– "हम त छोट खानि रहलीं हम औरी भूपति भईया दूनों जाना सथवें टीशन पर गईल रहलीं जा चारों तरफ गोली चलत रहे तथा लोग गोली के निशाने से बच के गोरी सेना पर ढ़ेला तथा पत्थर फेकत रहलं हमहन दोनों भाई सथवें दौड़त रहलीं जा। चारों तरफ अफरा तफरी मचल रहे। कहीं-कहीं गोरु सिवान में चरत रहलं स बरसात क महीना रहला से गोली पानी में गिरके छनछना के ठंडी हो जात रहे चरवाहा एधिर ओधिर गोली से बचके दौड़त रहलं स। हम त ढ़ेरका खाने ताला पागईल रहलीं तथा भूपत भइया कांपी आ रजिस्टर पवले रहलं।"

ग्राम मुहम्मदपुर के शिवनन्दन राजभर के शब्दों में " हमरी छोट भाई तुसी की लाठी में गोली लागल गोली लगला से लाठी क दू टुकड़ा हो गईल हम गोरीसेना से बचे खातिर एगो इमली की पेड़ पर चढ़ गईलीं। त इमली की पेड़ पर से देखत हईं कि गोरी सेना क एगो सैनिक मुहम्मदपुर के सरयू सिंह बाबू के पकड़ के साँवाँ की खेत में से टांग के ले जात हउए। हम इमली की पेड़ पर सेना की भय से छिपल रहलीं।"

रामचन्दर सिंह जो पिताजी के साथ इन्दारा स्टेशन की क्रान्ति में गये थे। उन्हीं के शब्दों में "हम औरी बाबूजी गोली की निशाना से बचके दौड़त रहलीं जा हमहन की चारों तरफ गोली पानी में गिरके छन-छनात रहे। बाबू जी कहलं कि हमहन दूनो जाना मर जाये के त घर क काम कईसे चली। तब तक हम देखत हईं कि एगो आदमी गोली लगला से पानी की गड्ढा में गिर के छटपटात रहे तथा थोड़ी देर में मर के शहीद हो गईल"। वह व्यक्ति अज्ञात था जिसकी लाश की पहचान नहीं हो सकी। "हमहन दूनों जाना बाप-बेटा सांझी खानी घरे अईलींजा"।

महुआर गाँव के जीवित मुनेश्वर के शब्दों में–"हमत बाबू 10-12 साल क रहलीं हमार काका झगरु हमार दादा चिलरु इन्दारा दीशन पर टीशन लूटे आ फूंके गईल रहलं जा सांझी खाने गीरत परत घरे दौड़ के अईलं जा। हमरी काका झगरु की हाथे में एगो खटिया के पार तथा एगो टूटहा टीने क बक्सा रहे जेवना में कुछ चिट्ठी तथा कागज पत्तर रहे"।

नेशनल इन्टर कालेज अदरी-इन्दारा के अवकाश प्राप्त प्रधान लिपिक श्रीधर यादव के शब्दों में–"हम त बाबू साहब छोट का एकन रहलीं हमार पिताजी स्टेशन पर चाय क दुकान करें हमार घर रेलवे कालोनी से सटले बटले बा। जब गोली चले लागल त हमार पिताजी स्टेशन पर से दौड़ के अईलं। तब हमार एक ही घर रहे वो घर में हमके ढ़केल के बाहर से सिकड़ी बन्द क दिहलं"।

जमदरा गाँव के चौथी चौहान के शब्दों में– "हम त गाय चरावत रहलीं त देखत हईं कि लोग सेना की भय से टीशन की ओर से भयभीत हो के आवत हऊँवजा तथा हांफत हऊँवजा। हमरी गाँव क सतिराम एगो लोहा का बक्सा तथा फूटहीं ललटेन लेके दौड़त आवत रहल।"।

इन्दारा से सटे उत्तर तरफ मुस्लिम आबादी वाले गाँव करीमाबाद के मरहूम नूरुद्दीन मियां जो हैं। उन्हीं के शब्दों में– "हमत मऊ से आके इन्दारा में अभी हालही क बसल रहलीं हमरी सामने इन्दारा स्टेशन फूंकाईल आ लूटाईंल कुल आदमी उत्तर की तरफ दौड़त रहलं जा मारे स्टेशन पर से पुलिस आ सेना गोली चलावत रहे गोलिया पनियां में गिरके छन-छनाये लागे तथा ठंडा हो जा। हरिहर सिंह बाबू के गिरके छटपटात हम देखलीं गोरा सिपाही जनता क पीछा करके गोली मारत रहलं स बाकी हमरी देश क सिपाही अपनी ओर से जनता के बचा-बचा के गोली चलावें स ना त केतना जाने गोली खाके गिर गईल रहतं एको अदमी बचतना। महजिदिया वाला निबिया की पेड़वा में अभी केतना गोली फंसल हउवे"।

जगदीश सिंह कहते थे उन्हीं के शब्दों में–"इन्दारा में गोली चलला के बाद गाँव क कुल आदमी गाँव छोड़ के घर से सेना की भय से भाग गईलं जा गाँव में केहु ना दिखाई दे। बाबू जी हमके अउरी बड़की बहिन के सगे सम्बन्धी के यहा 'उसकर गाँव'

पहुँचा दिहलं खाली माई घरे रहे। काका एक महीना हवलाती बन्दी रहलं काका के दरोगा जी तथा पुलिस पकड़ के कोपागंज थाना मे ले जात रहलं जा दरोगा जी हाथी पर चढ़ल रहलं तथा काका पैदल पीछे पीछे चलत रहलं। बाबूजी उस समय काफी परिशान रहलं काहे कि ग्राम नवपुरा (जिला बलिया) थाना रसड़ा वाला मामा सहदेव सिंह सन् 1942 की क्रान्ति में भाग लिहला की खातिर बलिया जेल में बन्द रहलं तथा जेलवे में मरके शहीद हो गईलं''।

महुआर गाँव उत्तर पुरा ब्रम्हदेव सिंह के शब्दों में ''हम त छोट खानी रहलीं बड़का काका (दूबरी सिंह) तथा हम दूनो जाना दुवरबे बइैठल रहली जा त देखत हईं जा कि मूरत बो कमकरिन बक्सा ले के गाँव मे से भागल आवति हई आ कहत हई कि ''गोरा अइलं स गोरा अईलं स जल्दी-जल्दी भाग जा ना त गोरा सिपाही पकड़ लीहें स मुरत बो पकड़ईला कि डरन अपनी घर से दौड़त आवत रहे तथा थर-थर कांपत रहें'' बड़का काका (दूबरी सिंह) पूछलं कि ''काहरे मूरत बो का बात ह त मूरत बो कहली कि हल्ला भइल ह कि गउवां में गोरा सिपाही आइल हंउवंस एही डरन हम गंउवां में से भागल आवत हईं''।

ऐसा था सन् 1942 की क्रान्ति का आतंक जनता कितनी भयभीत थी तथा कितना आतंकित थी। इसका अन्दाजा लगाने पर ब्रिटिश शासन द्वारा किये गये अत्याचार की कहानी अकथनीय है। उस अत्याचार को जिन लोगों ने अपनी आंखों से देखा है उनकी बातें सुनकर रोंगटे खड़े हो जाते हैं।

मिटा दो जौर-व इस्तबदाद अंग्रेजी हुकूमत के।
तहम्मुल कर नहीं सकता है, अब हिन्दोस्तां अपना।।

मौलाना अबुल हसनात 'फानी'

जन आन्दोलन का प्रारम्भ

9 अगस्त सन् 1942 को बम्बई के ग्वालियर टैंक नामक सथान पर सभा के बाद आगा खाँ महल में गांधीजी तथा देश के अन्य बड़े नेताओं के गिरफ्तार होने के साथ ही यह आन्दोलन पूरे भारत में कन्या कुमारी से लेकर हिमालय की चोटी तक तथा असम से लेकर गुजरात, पंजाब, राजस्थान तक पूरे भारत में फैल गया। बम्बई, हैदराबाद, शिमला सभी जगह गांधीजी की आंधी चल पड़ी। युवकों में आजादी के प्रति प्रेम उमड़ा जो क्रान्ति के रुप में फूट पड़ा।

गांधीजी का नाम भारत में हर एक नागरिक के जुबान पर था। गांधीजी पूरे भारत के राष्ट्रनायक बन चुके थे। उन्होंने अंग्रेजों के खिलाफ अहिंसा का सीधा बिगुल बजाया और कहा कि ''अंग्रेजों भारत छोड़ो'' देश का कोई भी क्षेत्र इस आन्दोलन मे अछूता नहीं रहा जहाँ पर यह आन्दोलन न पहुँचा हो तभी तो कहा गया है कि ''गांधी की आंधी से ब्रिटिश शासन हिल उठा''।

जनआन्दोलन हिंसा का उग्ररुप धारण कर लिया सारे देश वासी गांधीजी के ''करो या मरो'' के नारे के साथ ''अंग्रेजों भारत छोड़ो'' आन्दोलन में शामिल हो गये विद्यार्थी, मजदूर, किसान और वकील सभी एक साथ बापू के नेतृत्व में आजादी की लड़ाई में लड़ने के लिए तैयार हो गये थे। विद्यार्थियों ने कालेज छोड़ कर राष्ट्रीय झंडे के साथ जेल जाना तथा गोली खाना स्वीकार कर लिया। वकीलों ने अदालतों का बहिष्कार करके स्वतंत्रता के लिए जेल जाने पर तैयार हो गये।

मजदूर मिलों तथा फैक्ट्रीयों में काम बन्द करके आजादी के दिवाने हो गये। किसानों ने कृषि कार्य बन्द करके राष्ट्रीय आन्दोलन में भाग लिया। सरकार का दमनचक्र चला तथा लाखों लोग जेल गये। कितने मासूम भालों की चोट खाकर प्राणोत्सर्ग कर गये। कितनी माताओं बहनों का सिंदूर उजड़ गया कितने लोग गोली खाकर शहीद हो गये। कितनों को तोप के सामने खड़ा करके उड़ा दिया गया। कितनों को फांसी और काला पानी की सजा हुई तथा कितने आजादी के दिवानों को बेरहमी से कोड़ों से पीटा गया। कितनों को आजीवन कारावास की सजा हुई उसी समय नेताजी सुभाषचन्द्र बोस की आजाद हिन्द फौज के सिपाही भारत के पूर्वी सीमा से दिल्ली के लाल किले पर तिरंगा फहराने के लिए ''जवानों दिल्ली चलो'' के नारों के साथ दिल्ली की ओर बढ़ रहे थे।

नेताजी सुभाषचन्द्र बोस ने कहा कि अगर हम इस समय आजाद नहीं हो गये तो फिर पचास वर्ष आजाद होने का मौका नहीं मिलेगा। और उन्होंने भारतियों से कहा कि ''जवानों तुम मुझे खून दो मैं तुम्हें आजादी दूंगा''। यह सुनहरा अवसर है आजाद हिन्द फौज के सैनिक ''जवानों दिल्ली चलो'' नारों के साथ आगे बढ़ रहे थे। बर्मा और आसाम की सीमा पर आजाद हिन्द फौज के सैनिकों ने ब्रिटिश सैनिकों के दांत खट्टे कर दिये जिनकी वीरता का इतिहास गवाह है ठीक उसी समय भारत में उभरा हुआ ''अंग्रेजों भारत छोड़ों'' जनआन्दोलन उत्तर प्रदेश के पूर्वी जिलों में पहुँचा। इस जन आन्दोलन में लोग तन, मन, धन से कूद पड़े। गाजीपुर जनपद के युसूफपुर मोहम्मदाबाद (शहीद नगर) में डा0 शिवपूजन राय के नेतृत्व में तिरंगा झंडा के साथ 13 देश भक्त क्रान्तिकारी ''इन्कलाब जिन्दाबाद'' तथा ''भारत माता की जय'' करते हुये शहीद हो गये तथा बेसो नदी का पानी शहीदों के खून से लाल हो गया था। उन अमर शहीदों की कहानी गाजीपुर जनपद सहित पूरे पूर्वी उत्तर प्रदेश तथा देश के लोगों की जुबान पर अभी भी याद हैं। इस इतिहास को सारा देश जानता है। इसी का पड़ोसी जिला बलिया जो किसी से पीछे नहीं रहा। यह उत्तर प्रदेश के पूर्वी भाग में स्थित हैं।

अगर स्वतन्त्रता के प्रथम स्वतंत्रता संग्राम सन् 1857 में वीर मंगल पाण्डेय आजादी के दिवानों का नेतृत्व करते हुए फांसी पर चढ़ गये तो ''अंग्रेजों भारत छोड़ो आन्दोलन'' में भी बलिया जनपद सबसे आगे रहा। 18 अगस्त के दिन बैरिया थाना को जनता ने घेर लिया तथा बहुत से लोग पुलिस की गोली खाकर भारत माता की गोद में शहीद

हो गये परन्तु क्रान्ति की अग्नि को बुझने नहीं दिया। बलिया जनपद के अन्य भागों में भी ऐसा ही हुआ जिला मुख्यालय पर बलिया के शेर चित्तू पाण्डेय ने नेतृत्व किया जो जनशक्ति के बल पर स्वयं जिलाधीश की कुर्सी पर बैठ कर बलिया को भारत में सब से पहले स्वतन्त्र घोषित कर दिया तथा स्वयं अपने ही शासनादेश जारी किये। पूरा पूर्वी उत्तर प्रदेश इसी क्रान्ति की अग्नि में धधक कर जल उठा। इन्दारा से उत्तर बीस किमी. दूर तत्कालीन जिला आजमगढ़ परन्तु अब मऊ जनपद के थाना मधुबन को स्व. रामनक्षत्र पाण्डेय इत्यादि क्रान्तिकारियों ने हजारों जनता की भीड़ के साथ घेर लिया जिसमें आजमगढ़ जिला के तत्कालीन जिलाधिकारी मिस्टर नेब्लेट साहब स्वयं घिरे थे किसी तरह कम्बल ओढ़ कर अपनी जान बचाने में सफल रहे। स्व. रामनक्षत्र पाण्डेय की एक आवाज पर इन्कलाब जिन्दाबाद का नारा लगाते हुए जनता की भीड़ ने थाना पर हमला कर दिया। पुलिस ने निर्दयता पूवर्क उन क्रान्तिकारियों को गोलियों से भूनना शुरु कर दिया जिस दौरान बहुत लोग गोली खाकर शहीद हो गये। लाशे खेतों में पड़ी सड़ती रहीं। शहीद होने वालों में स्व. रामनक्षत्र पाण्डेय, शिवधन हरिजन, हनीफ दर्जी आदि वीर भी अपना नाम अमर कर गये।

जिलाधिकारी मिस्टर नेब्लेट ने अपनी डायरी में लिखा है कि ''मधुबन के सभी शहीदों को गोली सामने से छाती में लगी थी किसी भी शहीद को पीठ में गोली नही लगी थी''। पूर्वी उत्तर प्रदेश में मधुबन थाना का इतिहास भी अपने आप में शहीदों की गाथा है। मधुबन का प्रभाव इन्दारा पर पड़ा। यहाँ की जनता ने भी अंगड़ाई ली। आजादी के लिए आतुर होकर सिर पर कफन बांध कर तिरंगे झण्डे के साथ गाँवों में प्रभात फेरियां देना शुरु किया उस समय सभी राष्ट्रीय गान गा रहे थे। इन्दारा से दक्षिण मऊ नगर में दुखीराम तथा कालिका प्रसाद रौजा के मैदान में ब्रिटिश सरकार की गोली खाकर शहीद हो गये। जिनका शहीद स्मारक आज भी है। जिनका शिलान्यास उत्तर प्रदेश के प्रथम मुख्यमंत्री पंडित गोविन्द बल्लभ पंत ने किया था।

जनाक्रोश तथा जनता में उमंग

जहाँ देश में चारों तरफ क्रान्ति की आग भड़क उठी थी वहीं ब्रिटिश शासन क्रान्ति को दबाना चाहता था। लोगों को भिन्न-भिन्न तरीके से परेशान किया जा रहा था सरकार अपने अधिकार का दुरुपयोग करते हुए जनता पर जुर्म और अत्याचार कर रही थी पर जनता भी इस अन्याय को सहने के लिए तैयार न थी जन-जन के भीतर स्वतन्त्र भारत की नयी उमंगे हिलोरे ले रही थी तथा जनता के मन में क्रोध की अग्नि जल रही थी जो ब्रिटिश शासन को क्षण भर में मिटा देना चाहती थी। क्या वृद्ध क्या जवान सभी आजादी के रंग में रंगे हुए थे हर जगह की तरह इन्दारा की क्षेत्रीय जनता में भी आशा का संचार हुआ आजादी की नयी लहर दौड़ गयी क्योंकि यहाँ के लोगों के मन में भी और

स्थानों की तरह देश भक्ति की तड़पन और नये भारत के निर्माण की प्रबल इच्छा थी।

जिस भारत माता की स्वतंत्रता के लिए भगत सिंह, रामप्रसाद बिस्मिल, रोशन सिंह, अश्फाकुल्ला खाँ ने हँसते हुए फांसी के फन्दे को गले लगाया था जिस मातृभूमि की आजादी के लिए पंडित इन्द्रशेखर आजाद इलाहाबाद के अल्फ्रेड पार्क में पुलिस अधिकारी नाट बेवर के नेतृत्व में पुलिस दल से मुठभेड़ करते हुए अपनी ही स्वयं की गोली कनपटी में दागकर शहीद हो गये कई पुलिस अधिकारी घायल हुए तथा मृत्यु को भी प्राप्त कर गये।

खुदीराम बोस और ऊधम सिंह जैसे नौजवान अपना प्राण भारत मां के चरणों में सादर हँसी-खुशी से समर्पित करके इस देश के नौजवानों को देश पर मिटने का संदेश देकर अगली पीढ़ी के लिए प्रेरणा दायक पथ प्रदर्शक बन गये। यह बात अंग्रेजों ने पूरी तरह से समझ लिया था कि इस देश को अब अधिक दिनों तक दास (गुलाम) नहीं बनाया जा सकता। क्योंकि नेताजी सुभाषचन्द्र बोस ने कहा था कि "कोई भी जिन्दा कौम गुलाम नहीं रह सकती" भारत का चप्पा-चप्पा क्रान्ति की अग्नि में सुलग रहा था सतलज से ब्रह्मपुत्र तक तथा गंगा से कावेरी तक सभी नदियों की जलधारा एक स्वर से राष्ट्रीय गान गा रही थी तथा अपने को विदेशी शासन के चंगुल से मुक्त कराने के लिए छटपटा रही थी तथा उनके में लहरों से यह आवाज आ रही थी कि भारत अब अधिक दिनों तक दास नहीं रह सकता। हिमालय भी सिर उठाकर भारत का यशोगान गाता था विश्व को हिमालय संदेश दे रहा था कि भारत अब जाग उठा है।

उत्तर से प्रहरी बना हुआ हिमालय भारत की मर्यादा तथा प्रतिष्ठा के लिए विश्व में प्रसिद्ध हैं इसकी ऊँची-ऊँची चोटियाँ कंचन जंगा, कामेट, एवरेस्ट, गौरीशंकर भारत का मस्तक है। कन्याकुमारी दक्षिण पर सागर भारत के चरणों को धोता रहता है तथा पश्चिमी और पूर्वी घाट इसकी दो विशाल जँघायें हैं। गंगा, यमुना का विशाल मैदान इसका वक्ष स्थल है। हजारों प्राचीन मंदिर इसके पवित्र संस्कृति के केन्द्र है तथा सभ्यता भारत की पुरानी परम्परा हैं जिसको विदेशी आक्रान्ताओं ने आक्रमण करके नष्ट कर दिया था। पूरे भारत में जनान्दोलन चल पड़ा। "अंग्रेजों भारत छोड़ो" सम्पूर्ण भारत में क्रान्ति की ज्वाला धधकने लगी थी। आरावली, सतपूड़ा, विन्धयाचल, नीलगिरी, सारे पर्वत, पठार से एक ही आवाज गूंज रही थी। "अंग्रेजों भारत छोड़ो" हिन्द महासागर की लहरें कन्याकुमारी से टकराकर आजादी का यही शंखनाद कर रही थी। सब तरफ एक ही स्वर "अंग्रेजों भारत छोड़ों" दसों दिशाएं शंखनाद से गूंज रही थी सब लोगों ने प्रण कर लिया था कि अंग्रेजों को भारत से निकाल कर ही दम लेंगे।

यह दुनियां में विचित्र तरह का जन आन्दोलन था जो अपने आप में पूर्णरुप से अहिंसात्मक था गांधीजी का असहयोग आन्दोलन "अंग्रेजो भारत छोड़ो" में बदल गया था यह विश्व का पहला जनान्दोलन था। नेता जेल में, जनता नेतृत्व विहीन थी अपना

नेतृत्व जनता ने स्वयं किया, सरकार पूरी तरह असफल रही एक जगह क्रान्ति दबाना चाही तब तक दूसरी तरफ आक्रोश भरी भीड़ ने क्रान्ति का झंडा ऊंचा कर दिया। सम्पूर्ण ब्रिटिश शासन डगमगा गया पूरे देश में शासन तंत्र उठ चुका था रेल तथा डाक सेवा, अस्त-व्यस्त हो गयी थी सारे संचार माध्यम टूट चुके थे हर जगह क्रान्ति शुरु हो गयी थी। यह देश भक्त न झुके न टूटे देश भक्ति के मार्ग पर अड़े रहे।

स्वतंत्र देश के लिए शपथ

सम्पूर्ण देश की उफनती हुई जन लहर में मऊ की जनता ने अपने को झोंक दिया। जन मानस में यह भावना घर कर गयी कि अब ब्रिटिश सरकार को खत्म करके ही दम लेंगे। सारे देश में हा-हाकार मचा दिया। "करो या मरो" के नारे के साथ जनता सड़क पर उतर आयी। बस केवल एक ही उद्देश्य था भारत कैसे भी स्वतंत्र हो। विदेशी शासन का अन्त हो लोगों ने यह निश्चय कर लिया कि गोली खायेंगे जेल जायेंगे, विभिन्न प्रकार की यातना सहेंगे देश पर मर मिटेंगे परन्तु स्वतंत्र रहेंगे। जनता में यह भाव आ गया कि-

किसी के इशारे के हम मुंतजिर हैं।
बहा देंगे खूँ की नदी देख लेना।।

मृत्यु से जरा भी किसी को भय नहीं रह गया था। देश के बड़े-बड़े नेता महात्मा गांधी, पंडित जवाहरलाल नेहरू, डा. राजेन्द्र प्रसाद, मौलाना अबुल कलाम आजाद, सरदार बल्लीभभाई पटेल जेल में बन्द कर दिये गये। परन्तु इससे क्या आन्दोलन रूका ? रेलवे स्टेशनों पर आग लगा दी गयी। डाक घर जला दिये गये। टेलीफोन के खम्भे उखाड़ दिये गये। रेल की पटरियां उखाड़ कर फेंक दी गयी पूरा प्रशासन परेशान हो उठा स्त्रियां भी तिरंगे झण्डे के साथ गीत गाती हुई जुलूस में शामिल हो गयी

नवजागरण के साथ उनमें भी चेतना आयी तथा वे पुरुषों पीछे नहीं रहीं। वे भी जेल गयीं यातना सहीं जिसमें सुभद्राकुमारी चौहान, श्रीमती सरोजनी नायडू के नाम विशेष रूप से उल्लेखनीय हैं। लोकनायक जयप्रकाश नारायण तो सन् 1942 के "हीरों" कहलायें।

स्वतंत्र देश की शपथ के साथ इन्दारा की जनता ने 17 अगस्त सन् 1942 को इन्दारा में क्रान्ति करने की योजना सुनियोजित तरीके से तय कर लिया जिसके नायक बने स्वतंत्रता संग्राम सेनानी स्व. अवध बिहारी सिंह उनका मकान इन्दारा जंक्शन से पूरब तरफ, 3 किमी. दूर ग्राम चकरा में पड़ता है तत्कालीन जिला बलिया परन्तु अब जिला मऊ हो गया है। अवध बिहारी सिंह ग्राम-चकरा के थे यह गाँव तब और अब भी थाना हलधरपुर के अन्तर्गत पड़ता हैं। उनके सहयोगी के रूप में उन्हीं के गाँव के छेदी सिंह तथा ग्राम लखनी के श्रीराम सिंह अवधबिहारी सिंह के दाहिने हाथ बने। लखनी ग्राम इन्दारा स्टेशन से पाँच किमी. उत्तर दिशा की तरफ पड़ता है। इनके बाद महुआर ग्राम के स्वतंत्रता संग्राम सेनानी स्व. शिवपूजन पाण्डेय के इन्दारा के आन्दोलन में अहम भूमिका

निभायी। इन तीनों व्यक्तियों ने निश्चय कर लिया कि जब पड़ोसी जिला गाजीपुर, बलिया तथा आजमगढ़ के तरवां थाना, तथा मधुबन-थाना में क्रान्तिकारियों की योजना सफल हो चुकी हैं तब निश्चित रुप से हमारी भी योजना सफल होगी। तरवां थाना पर नेतृत्व स्वतंत्रता संग्राम सेनानी स्व. तेजबहादुर सिंह ने किया था। इन्दारा इसलिए क्रान्तिकारियों से अछूता नहीं था क्योंकि प्रसिद्ध स्वतंत्रता संग्राम सेनानी पूर्व सांसद श्री झारखण्डेय राय जी अपने साथी स्वतंत्रता संग्राम सेनानी स्व. शिवपूजन सिंह तथा स्व. बालेश्वर सिंह (बलिया) के साथ इन्दारा के पश्चिम तरफ, कटवांस गाँव के एक कुटी में रहकर आजमगढ़ जनपद के तथा पूर्वी उत्तर प्रदेश के क्रान्तिकारियों का संचालन कर रहे थे। इनके साथ स्वामी प्रकाशानन्दजी तथा बाबा राघवदास (बरहज बाजार देवरिया) भी इस कुटी पर रहते थे इन क्रान्तिकारियों को ग्राम कटवांस के पूर्व प्रधान देवता स्वरूप झकड़ी यादव का सानिध्य तथा स्नेह मिला करता था। बाद में झारखण्डेय राय जी गिरफ्तार कर लिये गये तथा अंग्रेजी शासन द्वारा कटवांस की कुटी जला दी गयी कुटी पर रहने वाले साधू सन्तों को भी विभिन्न प्रकार की सरकारी यातना सहनी पड़ी। जिन्होंने झारखण्डेय राय जी को शरण दिया था तथा क्रान्तिकारियों की मदद किया था। इन क्रान्तिकारियों की मदद करने वालों में स्वामी सदाफलदेवदास जी, तथा साधवी देवीजी थी। (कटवांस कुटी पर रहने वाले सन्त तथा साध्वी) तथा इन्दारा पश्चिम पट्टी के मास्टर स्व. चन्द्रदेव सिंह थे। मास्टर साहब स्वामी सदाफलदेव दासजी के रिश्तेदार थे।

इन्दारा में सुलगती हुई क्रान्ति की ज्वाला को एक नेतृत्व की जरूरत थी संयोगवश अवधबिहारी सिंह और श्रीराम सिंह ऐसे सुयोग्य नौजवान क्षेत्रीय जनता के सामने तिरंगा झण्डा लेकर आये अवधबिहारी सिंह सन् 1941 में "स्वतंत्र भाषण" कानून के अन्तर्गत गिरफ्तार भी हो चुके थे। वे एक साहसी कर्मठ नवयुवक थे जिन्होंने इन्दारा में क्रान्ति का दीपक जलाया था।

क्षेत्र में संगठन तथा प्रचार

आप पहले ही पढ़ चुके है आस-पास क्यार, ऊसर तथा जंगल और निर्जन क्षेत्र था। सन् 1942 में शिक्षा का अभाव था, अधिसंख्यक लोग अशिक्षित थे। विद्यालयों का अभाव होने के कारण लोगों को बहुत दूरी तय करके पढ़ने जाना पड़ता था। इसलिए क्षेत्र में शिक्षा की कमी थी सारे लोग अशिक्षित थे। उनमें देशभक्ति का भाव पैदा करना तथा उन्हें देश के लिए जागृत करना एक कठिन काम था, आज की तरह तब रेडियों, अखबार, दूरदर्शन आदि समाचार के साधन नहीं थे। कोई समाचार और संचार की व्यवस्था नहीं थी, विद्यालयों के नाम पर हर जिलों में तहसील मुख्यालयों पर एक तथा दो प्राईमरी विद्यालय और जूनियर विद्यालय होते थे तब जूनियर हाईस्कूलों तथा प्राईमरी पाइशालाओं की संख्या बहुत कम थी। इन परिस्थितियों में अवधबिहारी सिंह (चकरा) अपने साथी

श्रीराम सिंह (ग्राम लखनी) सुमेर पाण्डेय (ग्राम चकरा), दूधनाथ सिंह (ग्राम मुहम्मदपुर) को अपने साथ लेकर गाँव-गाँव में घूमकर भारतीय राष्ट्रीय कांग्रेस का प्रचार करते थे तथा जनता को आजादी की बात बताते थे और हर गाँवो में जाकर बूढ़े और नवयुवक, बच्चे को सड़क पर इकट्ठा करके ''भारत माता की जय'' तथा महात्मा गांधी की जय के नारे लगाते थे तथा जनता से अपने देश को स्वतंत्र कराने के लिए सर्वस्व न्योछावर करने को कहते थे और उन्हें समझाते हुए बताते कि ''हम लोग अंग्रेजों के गुलाम हैं, हम लोगों को स्वतंत्र होना चाहिए'' गाँवों में राष्ट्रीय तिरंगा झण्डा के साथ युवकों को लेकर प्रभात फेरियां कराते थे। पड़ोसी गाँव जमदरा, बेरूकी, बकराबाद सम्हरूआ, मड़ई सहुवारी छिपियां, लखनी, महुआर और इन्दारा में कुछ युवा साथियों के साथ पहुँचते तथा वहाँ पर लोगों के बीच आजादी के गाना गाते---

''भारत माता की जय का नारा गूंज उठता। अपने साथियों से कहते कि आप लोग कांग्रेस में सम्मिलित हो जायें तथा देश को स्वतंत्र कराने के लिए कांग्रेस का साथ दीजिये हम सब देशवासियों को मिलकर स्वतंत्रता की लड़ाई लड़नी चाहिए। अवध बिहारी सिंह की बातों का नौजवानों तथा आम जनता पर बड़ा प्रभाव पड़ता तथा जनता उत्साहित होकर देश पर मर मिटने के लिए तैयार हो जाती अंत में वे जनता से कहते कि-

अपनी सारी घर गृहस्ती को छोड़कर अवधबिहारी सिंह जब किसी पड़ोसी गाँव में पहुँचते तब उनके साथ में जगदेव यादव (मड़ई), शिवपूजन पाण्डेय (महुआर), श्रीराम सिंह (ग्राम लखनी) सुमेर पाण्डेय (ग्राम चकरा) इत्यादि लोग रहते थे।

ये क्रान्तिकारी नेता जनता से कहते कि भाइयों सारे भारतवर्ष में सब जबह गांधीजी की एक आवाज पर जनता उद्वेलित होकर का एकत्रित हो चुकी है। हर जगह क्रान्ति की लपटें उठ रही हैं, ऐसे सुनहरे समय में हम लोग क्यों सो रहे हैं ? हम लोगों को भी भारतमाता के पैरों में पड़ी बेड़ी को काटने के लिए कुछ करना चाहिए। अपने आन, मान, सम्मान तथा देश के स्वाभिमान के लिए तैयार हो जाना चाहिए तभी भारत से ब्रिटिश शासन का अन्त होगा तभी हम सब स्वतंत्र हो पायेंगे। भारत माता युवकों का बलिदान चाहती हैं। ब्रिटिश सरकार द्वारा भारतीयों पर किये जा रहे अत्याचार की कहानी लोगों को अपनी वाणी से सुनाते जनता उनकी प्रखर ओजस्वी वाणी को सुनकर आवेश में आ जाती तथा देश पर सब कुछ समर्पण करने के लिए तैयार हो जाती।

अवधबिहारी सिंह छोटे कद काठी के मजबूत सांवले रंग के व्यक्ति थे, उनके मन में रात-दिन आजादी का ही नशा सवार रहता था सोते जागते उठते बैठते सिर पर एक ही भूत सवार था कि देश कैसे स्वतंत्र हो? उनका अपना एक सपना था, हर जगह युवकों से वही उद्गार ''नौजवानों भारत माता को स्वतंत्र कराने के लिए यदि तुमसे कोई सिर भी माँगता हैं। तो सहर्ष उसे देने के लिए तैयार हो जाओ'' इस प्रकार कठिन नेतृत्व और संगठन के बल पर स्वतंत्रत के लिए लोगों के मन में भाव पैदा किया तथा आशा

का संचार किया। जब मैं उनसे मिला तो वे गाँव से दूर एकांत में अपने निजी नलकूप पर रहते थे। इस समय उनका स्वर्गवास हो चुका हैं। वे नश्वर शरीर को त्याग चुके हैं। उनके साथ श्रीराम सिंह, शिवपूजन पाण्डेय जैसे स्वतंत्रा संग्राम सेनानियों के त्याग तपस्या की देन थी कि इन्दारा में ''अंग्रेजों भारत छोड़ो'' आन्दोलन सफल हुआ था।

स्वाधीनता संग्राम एक विश्लेषण
कलम आज उनकी जय बोल।
जला अस्थियां बारी-बारी,
छिटकाई जिसने चिनगारी,
जो चढ़ गये पुण्य वेदी पर
लिये बिना गर्दन का मोल
कलम आज उनकी जय बोल।।

'दिनकर'

स्वतंत्रता की पहली चिनगारी- सन् 1857 की पहली लड़ाई 10 मई को मेरठ से प्रारम्भ हुई यह संगठित लड़ाई सन् 1756 के प्लासी युद्ध के 100 साल बाद शुरु हुई थी। यह लड़ाई कई साल तक चलती रही इस लड़ाई में बहादुरशाह जफर, झांसी की रानी लक्ष्मी बाई, तात्यां टोपे, नानासाहब पेशवा तथा वीरकुँवर सिंह ने अहम भूमिका निभाई थी। वीरकुँवर सिंह के पूर्वी उत्तर प्रदेश के दौरा के समय आजमगढ़-फैजाबाद मार्ग पर स्थित भीलनपुर छपरा गाँव के अमर शहीद हरिनाम सिंह, हरिलाल सिंह, हरदत्त सिंह, शीलवन्त सिंह, भोला सिंह एवं मर्दन सिंह ने 20 सितम्बर 1857 को अंग्रेजों से युद्ध करते हुए वीर गति को प्राप्त हुए जिनका शहीद स्मारक अब भी उस गाँव में उपक्षित पड़ा है यह शहीद स्मारक उनकी वीरता का स्मृमि चिन्ह है जिन्होंने आजादी के लिए अपने प्राणों को उत्सर्ग कर दिया। परन्तु ब्रिटिश हुकूमत द्वारा यह क्रान्ति दबा दी गयी।

ब्रिटिश साम्राज्यवाद की छाती में पहली गोली- भारत स्वतंत्र होने के बाद सत्ता में बैठी कांग्रेस सरकार ने यह जोर-शोर से कहना शुरु कर दिया कि भारतीय स्वतंत्रता उसी की देन हैं। पं. नेहरु के समय में इतिहास को तोड़-मरोड़ कर लिखा गया। परन्तु सत्य का सूरज छिप नहीं सकता। उसे बाद नहीं ढ़क सकता दबी बातें सामने आना शुरु हुई। सन् 1857 के प्रथम विद्रोह के बाद क्या भारतीय स्वतंत्रता संग्राम की लड़ाई बन्द हो गयी थी? ऐसी बात नहीं। जब कांग्रेस ने कोई आन्दोलन नहीं चलाया था तो आखिर वह कौन लोग थे? जो स्वाधीनता संग्राम की लड़ाई लड़ रहे थे। निराश भारतीय जनता के हृदय में आशा का तब संचार हुआ जब सन् 1897 में महाराष्ट्र के 2 मराठा नौजवान बाल कृष्ण दामोदर, चाफेकर बन्धु ने प्लेग कमिश्नर मिस्टर रैंड और उसके लेफ्टिनेन्ट एयरेस्ट को दिन दहाड़े गोली मार कर हत्या कर दी। सन् 1857 के विद्रोह के बाद ब्रिटिश हुकूमत को चुनौती देने वाले इन दोनो भाइयों ने अपनी गोली से ब्रिटिश साम्राज्यवाद

की छाती को चीरा था तथा इन भाइयों ने समस्त मराठी जनता का दिल जीत लिया। यह प्लेग कमिश्नर प्लेग के नाम पर जनता पर तरह-तरह का अत्याचार कर रहा था। इन दोनों भाइयों को फाँसी की सजा सुनाई गई। बाद में इसी केस के मुखबिर दो द्रविण युवकों को इन चाफेकर बन्धुओं के छोटे भाई ने गोली मार कर हत्या कर दी। जिस दिन इन बन्धुओं ने मिस्टर रैंड की हत्या की थी उसी दिन महारानी विक्टोरिया को पूरे साठ वर्ष शासन करते हो गया था। उस वर्ष भारत भर में इसी के उपलक्ष्या में हीरक जयन्ती मनाई जा रही थी। इन चाफेकर बन्धुओं का सरकार की दमनकारी नीति का विरोध सुधारवादी नहीं क्रान्तिकारी था। जिस परिवार के तीन भाई फाँसी पर चढ़ गये इस परिवार ने पूरे देश का ध्यान अपनी तरफ आकर्षित कर लिया। भारत में क्रान्तिकारी दल का सही निश्चित समय लिखना कठिन काम है परन्तु सब से पहले भारत में तीन क्रान्तिकारी दल सामने आये। बंगाल का ''अनुशीलन समिति'' ''युगान्तर दल'' तथा महाराष्ट्र का ''अभिनव भारत''। अनुशीलन समिति का केन्द्र ढ़ांका में था। इसके संस्थापक पुलिन बिहारी बोस थे। उनको सन् 1909 में 1818 के रेगूलेशन के कारण जेल जाना पड़ा था। दूसरा दल ''युगान्तर दल'' था जिसका प्रमुख केन्द्र कोलकाता में था। इसकी नींव बंग-भंग आन्दोलन के आस-पास पड़ी थी। इसके संस्थापक योगी अरविन्द और उनके छोटे सगे भाई वारीन्द्र कुमार घोष थे। ये 'अलीपुर षडयंत्र केस'' में अभियुक्त थे। तीसरा क्रान्तिकारी दल महाराष्ट्र का 'अभिनव भारत' था। इसके संस्थापक गणेश सावरकर थे। इसकी स्थापना विनायक दामोदर के सन् 1909 में इंग्लेण्ड पहुँचने के पहले हो चुकी थी। इस दल के संस्थापक सावरकर बन्धु ही थे। बंगाल के क्रान्तिकारियों का संबन्ध महाराष्ट्र के क्रान्तिकारियों से था। सन् 1914 में पूना में ''लिबर्टी'' का मुख्य प्रेस पकड़ा गया जहाँ से ''बंगाल के क्रान्तिकारियों की अपील'' महाराष्ट्र के भाइयों के नाम से छपकर बटने जा रही थी। दामोदर सावरकर के इंग्लैण्ड में रहते समय ही सन् 1907 में मदन लाल थींगरा नामक पंजाबी नौजवान ने कर्जन बाइली को इंग्लैण्ड में ही मार डाला। मदन लाल थींगरा एक सम्पन्न परिवार का होनहार नौजवान था वह इंग्लैण्ड आई. सी.एस. की परीक्षा उत्तीर्ण करने गया था। वाइली महाशय सरेआम हिन्दुस्तानियों को अपशब्द कहा करते थे। मदन लाल थींगरा को फांसी दे दी गयी उन्होंने माफी माँगने से इनकार कर दिया। और कहा कि ''मैं क्यों माफी माँगू'' माफी माँगना हो तो अंग्रेज मुझसे माफी माँगें। मेरी हार्दिक इच्छा यही है कि मैं बार-बार भारत में ही जन्म लूँ और तब तक मैं मातृ भूमि के लिए कुर्बान होता जाऊं जब तक हमारा देश स्वतंत्र न हो जाये।''

स्वाधीनता संग्राम और भारतीय क्रान्तिकारी- 21 दिसम्बर सन् 1909 में नासिक के कलक्टर जैक्सन का बद्ध भारतीय क्रान्तिकारियों ने ही किया था। 'अलीपुर षडयंत्र केस' के मुख्बिर को क्रान्तिकारी कन्हाईलाल ने जेल में ही मार डाला। 10 नवम्बर सन् 1908 को कन्हाईलाल को फाँसी दे दी गयी जिनकी शव यात्रा में 2 लाख लोग शामिल

थे। उनके शव की भस्मी को लोगों ने लूट लिया ताकि उसका गंडा और ताबीज बन सके। 17 वर्ष की उम्र में शहीद खुदीराम बोस को फाँसी दी गयी। फाँसी पर चढ़ते समय उस महान क्रान्तिकारी का वजय 10 पौण्ड बढ़ गया। बड़े लार्डसाहब लार्डहार्डिंग पर बम फेंकने के आरोप में दिल्ली के 4 महान क्रान्तिकारी मास्टर अमीचंद, अवधबिहारी, बालमुकुन्द को (जहाँ मौलाना आजाद मेडिकल कालेज की इमारतें हैं) फाँसी दे दी गयी। बसन्तराव विश्वास को बाद में अम्बाला जेल में फाँसी दी गयी, बसन्तराव विश्वास ने कुमारी वासन्ती बनकर बड़े लार्डसाहब लार्डहार्डिंग पर बम फेंका था। 16 सितम्बर सन् 1929 को लाहौर सेन्ट्रल जेल में 63 दिन अनशन करके शहीद होने वाले यतीन्द्र नाथ दास महान क्रान्तिकारी ही थे जिनकी अर्थी जब लाहौर से हावड़ा एक्सप्रेस द्वारा कोलकाता के लिए चली तो हर छोटे-बड़े स्टेशनों पर जनता उनके शव पर फूल-माला चढ़ाती तथा उस शहीद का अन्तिम दर्शन करने के लिए व्याकुल खड़ी थी। जो शव का दर्शन नहीं कर पाते वे दूर से ही अर्थी को प्रणाम करते इस शहीद के शव को लाहौर से कोलकाता मंगाने के लिए सुभाषचन्द्र बोस ने 600 रुपया भेजवाया था। इस शहीद के शव का अन्तिम संस्कार करने के लिए पंजाब के लोग अलग अड़े थे महाराष्ट्र के लोग अपने यहाँ ले जाने पर जोर दे रहे थे। बंगाल के लोग अपने इस अमर सपूत को अपने यहाँ ले जाने पर अड़े थे कोलकाता में इस शहीद की शव यात्रा में 6 लाख लोग शामिल थे। कोलकाता वासियों ने बाद में यह सम्मान केवल महान कवि कुलगुरु रविन्द्रनाथ टैगोर को दिया था। भारतीय नौजवान ही क्रान्तिकारी नहीं थे युवतियां भी उनसे किसी मायने में कम नहीं थीं। 24 दिसम्बर सन् 1931 को फैजुन्निसा बालिका विद्यालय की दो छात्राएं कुमारी शान्ति घोष तथा कुमारी सुनीति चौधरी ने त्रिपुरा जिला के अंग्रेज कलक्टर मिस्टर वी.जी. स्टीवेन्स को एक बहाने से भेंट करती हुई उनकी गोली मार कर हत्या कर डाली। 23 सितम्बर सन् 1929 को वायसराय की स्पेशल ट्रेन को उड़ाने का प्रयत्न भारतीय क्रान्तिकारियों ने ही किया था। पंजाब के श्री लाल लाजपतराय के हत्यारे मिस्टर सान्डर्स की हत्या करने वाले क्रान्तिकारी सरदारभगत सिंह और पंडित चन्द्रशेखर आजाद क्रान्तिकारी ही थे। (हिन्दुस्तानी समाजवादी प्रजातंज सेना) के सेनापति पंडित चन्द्रशेखर आजाद इलाहाबाद के अल्फ्रेड पार्क में 27 फरवरी सन् 1931 को पुलिस से लड़ते हुए शहीद हो गये। उनके प्रति पूरे देश में सहानुभूति की लहर फैल गयी। सरदारभगत सिंह ने अपने साथी बटुकेश्वर दत्त के साथ दिल्ली के केन्द्रीय असेम्बली में बम फेंक कर गिरफ्तार हुए थे। देशवासियों के लाख प्रयत्न करने के बाद भी 23 मार्च सन् 1931 को सरदारभगत सिंह, सुखदेव, राजगुरु को फांसी दे दी गयी। कांग्रेस के कराची अधिवेशन में सरदारभगत सिंह और साथियों की शहादत छाई रही। उस समय सरदार भगत सिंह जनमा में इतने लोकप्रिय थे कि जनता महात्मा गांधी, काँग्रेस के इतिहास लेखक डा. पट्टाभि सितारमैया ने अपनी पुस्तक ''कांग्रेस का इतिहास'' के पृष्ठ सं. 461 पर लिखा

है कि सन् 1929, 30, 31 में सरदार भगत सिंह गाँधीजी के समान लोकप्रिय हो गये। गांधीजी ने इर्विन से समझौता वार्ता करते सतय सरदारभगत सिंह के मृत्युदण्ड को आजीवन कारावास में नही बदलवा सके तो पक्ष में भी एक शब्द नहीं कहे थे। बस केवल गांधीजी ने इर्विन से इतना ही कहा था कि ''इस समय सरदारभगत सिंह की लोक प्रियता पूरे भारत में चरम सीमा पर है''। इस पर इर्विन ने गांधीजी से कहा कि ''न्यायालय के निर्णय में मैं अपना हस्तक्षेप नहीं कर पाऊँगा हाँ इतना अवश्य कर दूंगा कि इन क्रान्तिकारियों को समय से पहले ही फांसी दिलवा दूंगा।'' और ऐसा ही हुआ भी। 26 मार्च सन् 31 से कराची में कांग्रेस का अधिवेशन शुरु होने वाला था 26 मार्च सन् 1931 को सरदारभगत सिंह, सुखदेव, राजगुरु को फांसी दे दी गयी। उन शहीदों के शहादत में लाहौर, कराची तथा पूरे पंजाब में भव्य प्रदर्शन हुआ तथा लोगों द्वारा काली पट्टी बाँध कर मौन जुलूस निकाला गया। उस समय सरदारभगत सिंह की लोप्रियता का पता इस लोकगीत से चलता है जो उत्तरी भारत के प्रायः हर शहरों से लेकर गाँवों तक के लोगों की जुबान पर अक्सर सुना जाता था कि—

भगत सिंह के लगी है फाँसी, गरवां पड़े रसरिया हो।
निरख रही है भारत माता, तिरछे किये नजरिया हो।।

क्रान्तिकारी अमर शहीद ऊधम सिंह ने तीनों धर्मों में प्रिय अपना नाम राम मुहम्मद सिंह रखकर इंग्लैण्ड में जा करके 16 मार्च सन् 1940 को लन्दन में स्थित वेक्सटन हाल में सर माइकल ओडायर की हत्या करके 'जलियां वाला बाग हत्या काण्उ' का बदला दे लिया। इस काण्ड का मुख्य हत्यारा जनरल डायर तो सन् 1927 में ही मर चुका था। जिस समय पंडित चन्द्रशेखर आजाद इलाहाबाद के कटरा मोहल्ला में रहते थे तो एक बार पंडित मोतीलाल नेहरु से भी मिल चुके थे। आजाद ने प्रसिद्ध क्रान्तिकारी यशपाल के माध्यम से पंडित जवाहरलाल नेहरु को यह संदेश भिजवाया था कि ''हम लोग आतंकवादी नहीं हैं हम व्यापक सशस्त्र क्रान्ति का प्रयत्न कर रहे हैं। हमारा प्रयास भी देश की मुक्ति के लिए संघर्ष का ही एक भाग है हम सरकार के दमन से लोहा लेकर उसे बताना चाहते है कि तुम्हारी शस्त्र शक्ति से हम भयभीत नहीं हैं, हमारा दृष्टिकोण समाजवादी है आतंकवादी नहीं''। क्रान्तिकारियों के विषय में नेहरुजी के विचार गांधीजी से भिन्न नहीं थे। उन्होंने अपनी आत्मकथा में क्रान्तिकारियों को फाासिस्ट तक कह डाला है। जिन क्रान्तिकारियों ने पंडित नेहरु के कांग्रेस से 35 वर्ष पहले समाजवाद को अपना चरम लक्ष्य स्वीकार किया। वे पंडित नेहरु को कैसे फाासिस्टवादी मनोवृत्ति के दिखाई दिये।

कांग्रेस और स्वाधीनता संग्राम- मुम्बई में गोकुलदास संस्कृतिक विद्यालय की छत के नीचे 28 सितम्बर सन् 1885 के दिन एक अवकाश प्राप्त उदारवादी आई.सी.एस. अंग्रेज

अफसर सर ओ. ह्यूम ने कांग्रेस की नींव डाली। इसके प्रथम अधिवेशन के अध्यक्ष सुरेन्द्रनाथ बनर्जी बनाये गये। इस अधिवेशन दादा भाई नौरोजी, फिरोज शाह मेहता, गोपालकृष्ण गोखले ने भाग लिया। इन नेताओं का दृष्टिकोण उदारवादी तथा सुधारवादी था। इस दल के लोगों ने स्वतंत्रता के बीच को अंकुरित अवश्व किया परन्तु अपनी बात जनता तक पहुँचाने में असफल रहे। बाद में इसी दल में उग्रवादी विचारधारा के लोगों का प्रादुभार्व हुआ उनके नेता थे लोकमान्य बालगंगाधर तिलक, पंडित महामना मदन मोहन मालवीय, पंजाब केसरी लाला लाजपतराय, विपिनचन्द्र पाल इन लोगों का दृष्टिकोण क्रान्तिकारी था। इन्होंने स्वराज्य को अपना जन्म सिद्ध अधिकार घोषित किया। इनका मानना था कि अपने बल-बूते और उसके बल पर स्वतंत्रता प्राप्त की जा सकती है। लोकमान्य तिलक ने कहा "स्वराज्य हमारा जन्मसिद्ध अधिकार है इसे हम लेकर रहेंगे"। लोकमान्य तिलक को 6 वर्ष तक मॉडले की जेल में कठोर यातना सहनी पड़ी लेकिन वे अपनी बात जनता तक पहुँचाने में सफल रहे। कांग्रेस ने अपने 1904, 1905, 1906 के अधिवेशनों में संवैधानिक सुधारों की आवश्यकताओं पर बल दिया। सन् 1919 में रौलेक्ट एक्ट पास हुआ जिसका जगह-जगह विरोध हुआ। इसी बीच जलियां वाला बाग हत्या काण्ड हुआ। तब तक गांधीजी का भारतीय राजनीतिक क्षितिज पर उदय हो चुका था। गांधीजी ने अपने समय में 4 आन्दोलन चलाये। सन् 1920-21 असहयोग आन्दोलन, सन् 1930 नमक तोड़ो सत्याग्रह, सन् 1940-41 व्यक्तिगत सत्याग्रह, सन् 1942 अंग्रेजों भारत छोड़ों आन्दोलन। सन् 1942 के भारत छोड़ो आन्दोलन में गांधीजी सहित पूरे नेता जेल में डाल दिये गये। गिरफ्तार होने के बाद 10 फरवरी सन् 1943 से गांधीजी का 21 दिन का उपवास शुरु हो गया। देश में आक्रोश बढ़ता गया। प्रदर्शनों का तांता लग गया। चर्चिल ने कहा "जब दुनियां में हम कहीं जीत रहे हैं ऐसे वक्त में हम एक कमबख्त बुड्ढ़े के सामने कैसे झुक सकते हैं जो हमेशा हमारा दुश्मन रहा है"। इन नेताओं के जेल में रहते हुए जेल के बाहर से सर्वश्री जयप्रकाश नारायण, अच्युत पदवर्धन, मीनू मासानी, डॉ. राम मनोहर लोहिया इत्यादि नेता भूमिगत रहकर आजाद दस्ता खड़ा करके स्वतंत्रता की चिनगारी को जीवित रखाँ सम्पूर्ण भारत में जनता द्वारा थाना, डाकखाना, तहसील, रेलवे स्टेशनों सहित जिला मुख्यालयों के सरकारी भवनों में आग लगा दिया गया तथा तोड़-फोड़ किया गया। लाखों लोग जेल गये हमारों बेघर-बार हुए असंख्य संख्या में गोली खाकर शहीद हुए। सन् 1946 में कांग्रेस के नेतृत्व में अंतरिम सरकार गठित होने पर सभी नेता जेल से छोड़ दिये गये।

आजाद हिन्द फौज और सुभाषचन्द्र बोस- नेताजी सुभाषचन्द्र बोस सन् 1948 में त्रिपुरी कांग्रेस के अध्यक्ष चुने गये। उनके जुलूस को 15 बैलों के रथ ने खींचा था बाद में सन् 1939 में इन्होंने दोबारा अपने को कांग्रेस का अध्यक्ष पद का उम्मीदवार घोषित कर दिया तथा नेहरु पटेल के उम्मीदवार डा0 पट्टाभि सीतारामैया को चुनाव में हरा

दिया। इस हार को महात्मा गांधीजी ने अपनी निजी हार मानी। सुभाष बाबू से गांधी जी का मतभेद हो गया। सुभाष बाबू ने कांग्रेस छोड़ दिया तथा फारवर्ड ब्लाक का निर्माण किया। ब्रिटिश सरकार ने इनको घर पर ही नजरबन्द कर दिया। इस पर सुभाष बाबू ने चेतावनी भरा पत्र लिखा-

''मुझे मुक्त कर दीजिए अन्यथा मैं जीवित रहने से इन्कार कर दूंगा। इस बात का निश्चय करना मेरे बस में है कि मैं जीवित रहूँ या मर जाऊँ। शहीदों का खून धर्म का बीज होता है, मुझे आज अवश्य मर जाना चाहिए जिससे भारत स्वतंत्र तथा प्रतापी हो। अपने देशवासियों को मुझे यही कहना है—भूलना मत कि दासता मनुष्य के लिए सब से पहला पाप है।''

घर पर नजरबन्द रहते हुए सुभाष बाबू किसी तरह भाग कर जापान पहुँचे वहाँ हिटलर से मिलकर 'आजाद हिन्द फौज' का गठन किया। मऊ के मिट्टी से निकले मदन मोहन दुबे जी आजाद हिंद फौज के लेफ्टिनेंट रहे जिन्होंने नेता सुभाष जी से कदम से कदम मिलाया। 6 जुलाई सन् 1944 को सुभाषचन्द्र बोस ने आजाद हिन्द रेडियो पर बोलते हुए कहा ''भारत की स्वाधीनता का आखिरी युद्ध शुरु हो चुका है। राष्ट्रपिता भारत मुक्ति के इस पवित्र युद्ध में हम आपका आशीर्वाद चाहते हैं''। आजाद हिन्द फौज के सैनिक ''जवानों दिल्ली चलो'' का नारा लगाते हुए आगे बढ़ रहे थे तथा आसाम की सीमा पर ब्रिटिश सैनिकों के दाँत खट्टे कर दिये। आसाम की सीमा पर इम्फाल पर कब्जा भी कर दिया। तब तक अमेरिका और ब्रिटेन ने जापान के नागासाकी तथा हिरोशिमा पर बम गिरा दिया। जापान लड़ाई में हार गया इसी बीच में जापान से मिलने वाली आजाद हिन्द फौज को मदद बन्द हो गयी। रंगून से टोकियो जाते समय नेताजी सुभाषचन्द्र बोस का सन् 1945 में एक हवाई दुर्घटना में मृत्यु हो गयी। सारा देश शोक सागर की लहर में डूब गया। भारतीय इतिहास नेताजी का नाम सदा अमर रहेगा।

जनता का स्टेशन पर आक्रमण तथा सरकारी सम्पत्ति की क्षति

नागपंचमी का दिन था 17 अगस्त सन 1942 को घरों में महिलाएं नाग पूजा की तैयारियां कर रही थी। दूध और लावा नागदेवता को चढ़ाना था इस दिन हर वर्ष नाग पूजा होती है। किसान अपनी जोताई रोपाई का काम बंद किए हुए थे। आज ही के दिन खेल कूद, कबड्डी, ऊंची कूद, लंबी कूद होनी थी सब लोग प्रसन्नचित थे। 17 अगस्त का दिन था घर-घर में पूरी पकवान पक रहा था। रात में पानी बरसने से मौसम सूहावना लग रहा था आसमान में छिट-पुट बादल के ढेर दिखाई दे रहे थे। जो कभी कभी अनायास गरजने लगते थे। मानों बादल भी क्रांति के बिगुल बजा रहे थे। मानो पशु पक्षी भी ब्रिटिश हुकूमत के खिलाफ अपनी आवाज बुलंद कर रहे थे। गाँव में वही नाग पूजा खेलकूद होने के बाद लोग खेल स्थल से अपने घरों को जा चुके थे।

अवधबिहारी सिंह आजादी के दीवाने थे। व्याकुल होकर अपने गाँव चकरा से अपने साथी छेदी सिंह व सुमेर पाण्डेय को लेकर ग्राम-मड़ई पहुँचे जहाँ उनकी मुलाकात जगदेव यादव से हुई जगदेव यादव अपने जमाने के अच्छे तथा दबंग किस्म के व्यक्ति थे। उनका गाँव मड़ई पहले बलिया अब मऊ जिला में पड़ता है। वहाँ यादवों की बहुतायत संख्या है। राजभरों की भी संख्या है वहीं पर रामयादी यादव भी मिले जो अपने समय के पहलवान थे। मड़ई गाँव के पड़ोसी गाँव सम्हरुआ, इटकोहवा, डिघियां, सहुवारी के लोग भी इकट्ठा हो गये करीब पाँच सौ लोगों का समूह बगल के गाँव लखनी में पहुँचा तब लखनी गाँव आजमगढ़ जनपद में अब मऊ में पड़ता है, वहाँ पर जनता की भीड़ से श्रीराम सिंह की मुलाकात हुई। वे अवधबिहारी सिंघ के मित्र तथा दूर के कुछ संबंधी भी पड़ते थे तथा अपने गाँव के सम्पन्न प्रतिष्ठित परिवार के व्यक्ति थे। श्रीराम सिंह पड़ोसी गाँव से आये हुए लोगों का विशेष आदर सत्कार किये तथा उस विशाल जनता की भीड़ के साथ इन्दारा की तरफ चल दिये। लखनी गाँव इन्दारा से करीब 8 किमी. उत्तर की तरफ पड़ता है तथा मऊ-मधुबन शहीद मार्ग के सेमरी जमालपुर गाँव से एक किमी. पूरब पड़ता है इसके बीच में बसनही नाला नामक बरसाती नदी बहती है जिसको बरसात मे पार करना कठिन होता था पूर्व सांसद श्री कल्पनाथ राय जी के प्रयत्न से शहीद मार्ग का निर्माण हो जाने से लखनी, सेमरी जमालपुर, मझवारा, कसारा, रईसा गाँव, इन्दारा स्टेशन से जुड़ गये हैं तथा उस बसनही नाला पर सड़क के ऊपर पुल बन गया है। स्व. श्री कल्पनाथ राय के प्रयत्न से इस क्षेत्र का विकास हो चुका है जो पहले सम्भवतः नहीं था अब कसारा गाँव में 400 के.वी. तथा सेमरी गाँव में 132/33 के.वी. का विद्युत उपकेन्द्र, डाक बंगला, तार घर, आलू गोदाम तथा महुआर गाँव में जिला जवाहर नवोदय विद्यालय का निर्माण स्व. श्री कल्पनाथ राय की देन है। श्री राय के शब्दों में ''जब मैं जूनियर हाई स्कूल इन्दारा तथा इण्टरमीडिएट कालेज कोपागंज में पढ़ता था तो बसनही नदी को बरसात के दिनों में तैर कर पार करके बड़ी कठिनाई से विद्यालय जाता था। इस कठिनाई को श्री राय ने मऊ-मधुबन शहीद मार्ग का निर्माण कराके हल कर दिया तथा इस पिछड़े क्षेत्र का विकास किया इन्दारा से उत्तर के सारे गाँव इन्दारा से जुड़ गये हैं।

बरसाती बसनही नदी को अगस्त के महीना में हजारों जनता की भीड़ ने बड़ परिश्रम से पार कर लिया लखनी से चली भीड़ के मन में एक तूफान था जो देश के लिए जल्द से जल्द कुछ कर गुजरने को ब्याकुल था। भीड़ के साथ अवधबिहारी सिंह, श्रीराम सिंह, छेदी सिंह (ग्राम चकरा) जगदेव यादव श्री किशुन यादव (ग्राम इटकोहवां) रामयादी यादव सुमेर पाण्डेय आदि क्रान्तिकारी नौजवान थे।

जनता के बीच में अवधबिहारी सिंह तथा श्रीराम सिंह ''इन्कलाब जिन्दाबाद'' तथा ''भारत माता की जय'' का नारा लगाते हुए उत्तर दिशा की तरफ से भीड़ के साथ दक्षिण दिशा की तरफ इन्दारा की ओर बढ़ रहे थे। मानों जन समूह का समुद्र उमड़ पड़ा था।

बीच में कसारा सोहनरिया, भजैवां गाँव पड़ते हैं। जहाँ की जनता इस जुलूस में शामिल हो गयी थी तथा अवधबिहारी सिंह सहित भीड़ आगे बढ़ती हुई नदी की तेज धारा की तरह चल रही थी मानो जनता का समुद्र उमड़ पड़ा है। ऊपर काली बादल की घटा लहरा रही थी नीचे विशाल जनता की आवाज का नारा लग रहा था। धरती से आसमान तक पूरे वायुमण्डल में एक ही स्वर गूँज रहा था। ''स्वतंत्र भारत जिन्दाबाद'' ऊपर बादल की गड़गड़ाहट तथा नीचे जनता की आवाज एक साथ मिलकर देश गान गा रही थी। तेजी से बढ़ता हुआ जनसमूह महुआर गाँव में पहुँचा।

आप पहले ही पढ़ चुके हैं कि यह गाँव इन्दारा स्टेशन से 3 किमी उत्तर पड़ता है। महुआर से 2 किमी. पश्चिम इन्दारा गाँव पड़ता है। जहाँ से भोला सिंह, अछैवर सिंह, विश्वनाथ पाण्डेय, साधू सिंह, दूधनाथ सिंह भी हजारों भीड़ के साथ महुआर गाँव में पहुँच चुके थे। जिनकी मुलाकात अवधबिहारी सिंह के साथ उत्तर से आयी हुई भीड़ से महुआर गाँव में श्री पवहारी बाबा की कुटी पर हुई यह पवहारी बाबा की कुटी इस क्षेत्र की पवित्र कुटी है जिसमें क्षेत्रीय जनता की अगाध श्रद्धा तथा प्रेम है इसी स्थान से कई हजार जनता की भीड़ पवहारी बाबा की जय जयकार करती हुई तथा भारत माता की जय, महात्मा गांधी की जय, अंग्रेजी साम्राज्यवाद का नाश हो का नारा लगाते हुए इस गाँव के अमर शहीद हरिहर सिंह, जगतनारायण सिंह, शिवपूजन पाण्डेय, फूलबदन सिंह तथा भुवनेश्वर सिंह, भूपति सिंह (दोनों सगे भाई) तथा रामचन्द्र सिंह (तीनों छोटे बच्चे) भी भीड़ में शामिल थे। भीड़ के साथ महुआर के बद्री तथा ग्राम मुहम्मदपुर के अधिकांश लोग चल दिये इस भीड़ में लेखक के पिता स्व. श्री देवमुनी सिंह अपने बड़े पुत्र रामचन्द्र सिंह? जो बच्चे थे के साथ इन्दारा के लिए चल पड़े तथा इन्दारा जाने वाली भीड़ में शामिल हो गये रास्ते में भीड़ का नेतृत्व अवधबिहारी सिंह, श्रीराम सिंह, कर रहे थे। शिवपूजन पाण्डेय, केशव पाण्डेय, जगदीश सिंह तथा डिघियां के कामता सिंह, जीअक्ष सिंह शामिल होकर साथ-साथ चल रहे थे तथा चकरा के बृजभूषण सिंह, सुमेर पाण्डेय जमदरा के दूधनाथ मिश्र और सहुआरी के चन्द्रशेखर सिंह इत्यादि लोग भी साथ में थे।

जनता की उग्र भीड़ को कमजोर हृदय के लोग मना कर रहे थे कि आप लोग इन्दारा स्टेशन पर मत जाइये वहाँ पर ब्रिटिश सरकार द्वारा गोली चलायी जायेगी। कायरों के लाख मना करने पर भी क्रान्तिकारियों की भीड़ नहीं मानी। कई हजार लोग तिरंगा झंडा तथा हाथ में लाठी-डंडा तथा कुछ निहत्थे स्टेशन की तरफ चल दिये।

जिस समय जनता की भीड़ महुआर गाँव से चली थी अपशगुन की शंका से कुत्ता भी रो रहा था जिस पर लोगों ने क्रान्तिकारी जनता को स्टेशन जाने से रोका लेकिन देशभक्त क्रान्तिकारी जनता नहीं मानी। महुआर गाँव से चला हुआ जुलूस बीच में मुहम्मदपुर गाँव से होता हुआ आगे बढ़ा यह गाँव इन्दारा स्टेशन से सीधा 1 किमी. उत्तर का गाँव है। इस गाँव के गिरवर यादव अपने समय के अच्छे सम्पन्न पहलवान थे।

उनके साथ उन्हीं के गाँव के झिलर यादव, कतवारु यादव, शिवनन्दन राजभर, शीतलदेव राजभर, टीमल राजभर, गुन्नू राजभर, सोतिम राम राजभर, विश्वनाथ राजभर, झगरु राजभर, तुलसी राजभर तथा इसी गाँव के सुमेर सिंह, रामवृक्ष सिंह, दूधनाथ सिंह इत्यादि लोग जुलूस में शामिल हो गये जब यह जुलूस इन्दारा स्टेशन पर पहुँचा तो इस जुलूस में महुआर तथा मुहम्मदपुर के करीब सात-आठ सौ लड़के, जवान, बुढ़े तथा हर जाति के लोग शामिल थे। जिसमें लेखक के पिता स्व. देवमुनी सिंह, भाई रामचन्द्र सिंह तथा गाँव के अन्य लोग थे। हर वर्ग के लोग एक साथ कदम से कदम मिलाकर चल रहे थे। इन्दारा गाँव के लोगों को साथ लेकर जनता स्टेशन के करीब पहुँची।

इन्दारा महुआर के बीच ऊसर तथा क्यारी जमीन पड़ती है जिसमें धान की फसल बोई जाती है। इस समय सभी फसलें बोई जा रही हैं। इन खेतों में उस समय लबालब पानी भरा हुआ था कहीं-कहीं ऊसरीली जमीन के बीच में 2 फुट से लेकर 3,4 फुट तक के गड्ढ़ो में पानी भरा था। इन्दारा स्टेशन से उत्तर महुआर गाँव तक पानी ही पानी दिखायी दे रहा था पूरा मैदान पानी से जलमग्न था। स्टेशन से दक्षिण की तरफ भी अगस्त का महीना होने के कारण लगभग यही स्थिति थी। भीड़ को स्टेशन पर पहुँचने से पहले रेल कर्मचारियों, अधिकारियों को मुखबिरों द्वारा पहले से खबर मिल चुकी थी कि क्रान्तिकारी जनता स्टेशन पर तोड़-फोड़ करने तथा रेल आवागमन को ठप करने आ रही है। उन्हें यह भली-भांति पता था ति आज स्टेशन पर हमला होगा इसलिए वे पहले से सतर्क थे।

जब भीड़ स्टेशन पर पहुँची तो रेल अधिकारियों ने भीड़ को देख लिया तथा मऊ जं0 को इन्दारा से टेलीग्राम लाइन द्वारा क्रान्तिकारी जनता के आगमन तथा आक्रमण की सूचना दे दी क्योंकि क्रान्तिकारी जनता द्वारा इन्दारा से बलिया, गोरखपुर, दोहरीघाट की टेलीग्राम लाइन काटी जा चुकी थी तथा इन स्थानों का इन्दारा से सम्पर्क कट चुका था। मऊ की टेलीग्राम लाइन क्रान्तिकारियों के आक्रमण से बच गयी थी जो उनके द्वारा काटी नहीं गयी थी। यह क्रान्तिकारी जनता के लिए दुर्भाग्य की बात थी। मऊ की टेलीग्राम लाइन काटने का काम ग्राम-चकरा निवासी वृजभूषण को दिया गया था उनकी बड़ी भूल से मऊ की टेलीग्राम लाइन बच गयी थी। इधर इन्दारा स्टेशन के स्टेशन मास्टर रामदास तथा ए.एस.एम. रामाधार लाल ने तत्कालीन टिकट कलेक्टर उमाशंकर सिंह इत्यादि के साथ मिलकर स्वयं सरकारी खजाना लूटकर आपस में बांट लिया तथा उसने रेल विभाग तथा ब्रिटिश सरकार को सूचित कर दिया कि ''जनता ने सब सरकारी खजाना लूट लिया है हम लोग असहाय है हमारी रक्षा की जाय तथा रेल सम्पत्ति को बचाया जाय''।

इस आशय की सूचना स्टेशन मास्टर द्वारा पाकर मऊ में बैठा हुआ तत्कालीन आजमगढ़ का डी.एम. मिस्टर नेब्लेट साहब जो मधुबन से आकर मऊ में रुका पड़ा था। अपने सहायक कप्तान कोमल सिंह और गोरी सेना की एक टुकड़ी को राथ लेकर एक

बोगी की स्पेशल ट्रेन द्वारा मऊ से इन्दारा के लिए चल दिया जिसमें एक अंग्रेज सैन्य अधिकारी भी था। स्टेशन पर जनता का आक्रमण हो चुका था स्टेशन में आग लगा दी गयी थी। रेलगाड़ी के खड़े मालगाड़ी के डिब्बे जनता की भीड़ द्वारा तोड़े-फोड़े जा रहे थे। स्टेशन के सारे कागजात व रिकार्ड जनता द्वारा जलाये जा रहे थे रेल की पटरियां उखाड़ी जा रही थीं, सरकारी भवन में आग लगा दी गयी थी, स्टेशन पर के कुर्सी, मेज, फर्नीचर जनता द्वारा तोड़े फोड़े जा रहे थे सरकारी इमारते धूं-धूं करके जल रही थी यह कार्य चकरा के अवधबिहारी, लखनी के श्रीराम, महुआर के जगदीश, शिवपूजन पाण्डेय, केशव पाण्डेय, सतिराम, शीतल प्रसाद, फूलबदन, शहीद हरिहर तथा मुहम्मदपुर के स्वतंत्रता संग्राम सेनानी स्व. दूधनाथ इत्यादि लोग कर रहे थे। जनता के सामने रेल कर्मचारियों की क्या चलती? रेल कर्मी स्टेशन छोड़कर दूर भाग कर खड़े थे। महुआर के बद्री, धुरपतारी के नेतृत्व में सैकड़ों लोग रेल के डिब्बे को तोड़ रहे थे बड़ा भयंकर दृश्य खड़ा हो गया था। महुआर के चीलरु तथा झगरु (दोनों सगे भाई) गनपति, रामदेव, महेश, सम्भल प्रहलाद रेल डिब्बे को तोड़ने में कामयाब हो गये तथा यह सारी जनता की भीड़ अवधबिहारी सिंह श्रीराम सिंह के साथ स्टेशन पर ''महात्मा गांधी की जय'' तथा ''भारत माता की जय'' तथा ''इनकलाब जिन्दाबाद'' का नारा लगा रही थी जिनके साथ रामयादी यादव, श्री किशुन यादव, जगदेव यादव, सुमेर पाण्डेय, छेदी सिंह, भोला सिंह, विश्वनाथ पाण्डेय स्टेशन पर तोड़-फोड़ कर रहे थे तथा भारत माता की जय का गगन भेदी नारा लगा रहे थे। सारी क्रान्तिकारी जनता ''इनकलाब जिन्दाबाद'' का नारा लगा रही थी। अंग्रेजी शासन इन्दारा से मिट चुका था उसका कोई नाम लेने वाला नहीं था। धरती से आकाश तक क्रान्तिकारियों के गगन भेदी नारे से गूंज रहा था। यह कार्यक्रम घण्टों तक चलता रहा। तब तक आजमगढ़ के डी.एम. मिस्टर नेब्लेट मऊ से सेना तथा सहायक कप्तान कोमल सिंह को साथ लेकर इन्दारा आ धमका। उसके साथ में गोरी सेना तथा एक अंग्रेज अधिकारी सहित 21 सैनिक बोगी पर सवार थे। ईधर जनता की भीड़ में महुआर गाँव के फूलबदन, केशव पाण्डेय, जगदीश सिंह तथा ग्राम मुहम्मदपुर के स्वतंत्रता संग्राम सेनानी स्व. दूधनाथ के बीच सरकारी खजाने के खाली पड़े थैले को लेकर छीना-झपटी चल रही थी जब कि थैले के अन्दर कुछ भी नहीं मिला। कुछ फुटकर रेजकारी पैसा स्व. दूधनाथ के हाथ लगा था। मेरे बड़े भाई रामचन्द्र सिंह के कथनानुसार उनको एक चमड़े का थैला मिला जिसे उन्होंने दूधनाथ के हाथ से छीना थ जिसमें उनको एक 10 रुपये का नोट मिला था विश्वनाथ पाण्डेय के हाथ कुछ खाली रजिस्टर तथा नोट बुक लगे गये थे। सुमेर पाण्डेय के हाथ एक बहुत बड़ा लोहे का सिक्कड़ लगा था। जगदेव यादव तथा रामयादी यादव कुछ लोहा लेकर दौड़ रहे थे।

स्टेशन पर अफरा-तफरी मची थी महुआर गाँव के शिवपूजन पाण्डेय एक साईकिल पा गये थे जिसको डिघियां के कामता सिंह साथ लेकर चले गये जो बाद में शिवपूजन

पाण्डेय जी को दे दियें क्योंकि शिव पूजन पाण्डेय कामता के कुल पुरोहित थे। तथा कामता सिंह वह साईकिल उन्हीं के हाथ से इन्दारा स्टेशन पर क्रान्ति के समय प्राप्त किये थे। कामता सिंह के साथ उन्हीं के गाँव के जीअक्ष, भागवत सिंह (दोनों सगे भाई) इन्दारा स्टेशन आये थे। सहुआरी के चन्द्रशेखर सिंह एक नौजवान युवक थे वे स्टेशन पर तोड़-फोड़ कर रहे थे जमदरा के बृजभूषण सिंह शहीद हरिहर सिंह के साथी थे तथा शहीद हरिहर सिंह महुआर के इमदादी विद्यालय में अध्यापक थे। महुआर गाँव के केशव पाण्डेय, शीतल प्रसाद, जगदीश, फूलबदन सिंह इत्यादि लोग तथा स्वतंत्रता संग्राम सेनानी अवधबिहारी सिंह, भोला सिंह, विश्वनाथ पाण्डेय तथा श्रीराम सिंह आदि ने स्टेशन के माल गोदाम में रखे सामानों को आग लगा दिया तथा पार्सल घर को फूंक दिया तथा मेरे ही गाँव के भूपति सिंह, भूनेश्वर सिंह (दोनों सगे भाई) एक साथ स्टेशन पर गये थे। ये दोनों भाई अभी छोटे-छोटे थे। भुनेश्वर सिंह के कथानुसार ये बहुत ज्यादा ताला पा गये थे जिसको लेकर वे स्वयं दौड़ रहे थे तथा स्टेशन की रेल सामग्री को क्षति पहुँचा रहे थे जिसमें मुख्य काम था मालगोदाम को लूटना तथा लोहे के छिट-पुट सामानों को बिखेरना तथा उसे लेकर भागना। कुछ गिरे-पड़े डाक पत्रों को फूलबदन सिंह तथा शहीद हरिहर सिंह ने दियासलाई से फूंक दिया मेरे गाँव के भूपति सिंह कहते हैं कि "मैं बहुत ज्यादा संख्या में किताब तथा रजिस्टर पा गया था'8। वातावरण बड़ा विभत्स था कई हजार जनता की भीड़ स्टेशन पर तोड़-फोड़ कर रही थी। ब्रिटिश सरकार का इन्दारा से अन्त हो चुका था हमारे गाँव के बद्री, श्रीपति, चिलरु, झगरु (दोनों सगे भाई), सुखनन्दन, सरजू, गनपति, झिल्ली, सम्भल सभी नौजवान ग्राम-महुआर तथा ग्राम मुहम्मदपुर के गिरवर यादव, सुमेर सिंह, गुन्नू राजभर, शिवनन्दन राजभर तुलसी राजभर (दोनों सगे भाई), तथा शीतल देव राजभर, पुरई राजभर तथा पूजन राजभर के पिता जोबराज राजभर अपने छोटे भाई टीमल राजभर के साथ स्टेशन पर तोड़-फोड़ में शामिल थे।

इस काण्ड में गिरवर यादव के मामा भागीरथी यादव भी शामिल थे। उनके साथ झिल्लर यादव भी इन्दारा गये थे। ये नौजवान स्टेशन से कुछ लोहा तथा लकड़ी के सामान पा गये थे। पुरई तथा गुन्नू राजभर लोहा के सिक्कड़ पा गये थे। गिरवर यादव लोहे की चारपाई लेकर दौड़ रहे थे। मेरे गाँव के झगरु लोहे के बड़े बड़े ताला तथा एक छोटा सा टिन का बक्सा लेकर घर की तरफ चल दिये। ग्राम मुहम्मदपुर के सभी राजभर टीमल तथा जोबराज राजभर के साथ कुछ लोहा लेकर भाग रहे थे। गिरवर यादव कुछ लोहे के तार पा गये थे सुमेर सिंह के हाथ कुछ सरकारी कागज पत्र लगा था। हर तरफ कई हजार जनता की भीड़ स्टेशन पर तोड़-फोड़ कर रहीं थी बड़ा बिकराल दृश्य उपस्थित हो गया था चारों तरफ कोलाहल मचा था तथा "भारत माता की जय" तथा "महात्मा गांधी की जय" का नारा लगाती हुई जनता स्टेशन पर तोड़-फोड़ कर रही थी। कोई व्यक्ति स्टेशन पर पार्सल घर का ताला तोड़ रहा था तो कोई व्यक्ति प्रतिक्षालय घर को क्षति पहुँचा रहा था।

जनता अपने इस कार्य को बेधड़क होकर निर्भय पूर्वक कर रही थी। प्रसिद्ध क्रान्तिकारी पंडित चन्द्रशेखर आजाद के शब्दों में ''देश भक्त का जामा पहनने के बाद कुछ करने को शेष नहीं रह जाता है'' क्रान्तिकारी जनता एक दम अपनी सूझ-बूझ खो बैठी थी। सभी जाति-पाति, ऊंच-नीच का भाव मिट चुका था भारतीय जनमानस में बस एक ही बात घर कर गयी थी कि भारत माता को स्वतंत्र कराके ही दम लेगें। छोटे-बड़े, बूढें-जवान आजादी के दीवाने हो चुके थे। क्रान्तिकारी जनता स्टेशन पर अपने कार्य को अंजाम दे रही थी कि तब तक एक रेल इन्जन का शोर जोर-जोर से सुनायी दिया। मऊ से 21 सैनिकों की एक टुकड़ी रेल इंजन और पीछे एक ट्रेन की बोगी के साथ इन्दारा के पश्चिमी केबिन से कुछ दूरी पर दिखाई दिया। इन सैनिकों की टुकड़ी का नेतृत्व एक एंग्लो इंडियन कैप्टन अधिकारी कर रहा था।

आजाद हिन्द फौज के प्रयाण गीत
कदम-कदम बढ़ाये जा खुशी के गीत गाये जा।
ये जिन्दगी है कौम की तू कौम पे लूटाये जा।।
तू शेरे हिन्द आगे बढ़ जू मौत से न अपनी डर।
फलक तलक उठा के सर जोशे वतन बढ़ाये जा।।
हिम्मत तेरी बढ़ती रहे खुदा तेरी सुनता रहे।
जो सामने तेरे अड़े तू खाक में मिलाये जा।।
चलो दिल्ली पुकार के कौमी निशाँ सँभाल के।
लाल किले पे गाड़ के फहराये जा।।
कदम-कदम बढ़ाये जा--

आप पढ़ चुके हैं कि क्रान्तिकारी जनता की भीड़ स्टेशन पर तोड़-फोड़ कर ही रही थी तब तक जनता को रेल के इंजन की आवाज जोर-जोर से सुनायी देने लगी। इस आवाज को सुनकर जनता यह समझ गयी की अब गोरी सेना आ गयी तथा गोली चलेगी अब जनता घबड़ाकर इधर-उधर दौड़ने लगी और कुछ बहादुर नौजवान स्टेशन पर ही जमें रहे टस से मस नहीं हुए तथा अपने कार्य को निर्भय पूर्वक करते रहे। तथा सेना के ऊपर कंकड़-पत्थर फेंकना शुरु कर दिये। इन युवकों में महुआर गाँव के फूलबदन सिंह, शिवपूजन पाण्डेय, केशव पाण्डेय, जगदीश सिंह, जगतनारायन सिंह तथा अमर शहीद 25 वर्षीय अध्यापक स्व. हरिहर सिंह थे। तथा ग्राम मुहम्मदपुर के स्वतंत्रता संग्राम सेनानी स्व. दूधनाथ सिंह, रामसुमेर सिंह, रामवृक्ष सिंह, शीतलदेव राजभर तथा गिरवर यादव सुखारी, भिखारी (दोनों सगे भाई) इत्यादि शामिल थे।

इन्दारा के स्व. भोला सिंह, स्व. साधू सिंह तथा क्रान्तिकारी स्वतन्त्रता संग्राम सेनानी श्री विश्वनाथ पाण्डेय तथा लखनी के क्रान्तिकारी नौजवान श्रीराम,

सहुआरी के चन्द्रशेखर तथा ग्राम चकरा के इन्दारा क्रान्ति के नायक स्वतन्त्रता संग्राम सेनानी स्व. अवधबिहारी, वृजभूषण, स्व. सुमेर पाण्डेय इत्यादि नौजवान थे जब ट्रेन की बोगी से सैनिक नीचे उतरे तो जनता ने उन्हें देख लिया बोगी स्टेशन से 500 मीटर की दूरी पर थी देशभक्त ड्राईवर गाड़ी को रोक दिया तथा अंग्रेज कैप्टन से कहा कि ''गाड़ी आगे नहीं जा सकती क्योंकि रेल की पटरी खराब है ट्रेन के गिरने का भय है''। लगभग 15-20 मिनट तक सेना को देशभक्त ड्राईवर ने उलझाये रखा तथा जनता को भाग जाने के लिए जोर-जोर से सीटी बजाता रहा। ताकि इस आवाज को सुनकर जनता स्टेशन से दूर भाग जायें। नहीं तो बहुत से लोग सेना की गोली से मारे जायेंगे।

देशभक्त ड्राइवर मऊ भीटी के पास नवापुरा मुहल्ला का निवासी था। इस मुहल्ला के ज्यादा लोग अभी रेल विभाग में कार्यरत हैं। नवापुरा हरिजन बस्ती है उसमें ज्यादा लोग पहले से अब तक रेल विभाग में कार्य करते चले आ रहे हैं। रेल के इंजन पर चालक के साथ फायरमैन तथा खलासी भी थे जो भारतीय थे जिनके मन में देश के प्रति अगाथ श्रद्धा थी। वे सब देश के प्रति प्रेम रखते थे उनकी चालाकी से ज्यादा लोगों की जान बच गयी सेना को ट्रेन चालक तथा चतुर खलासी ने इन्दारा पश्चिम केबिन के पास 15-20 मिनट तक उलझाये रखाँ तथा बाद में इंजन सहित बोगी को पूरब की तरफ बढ़ाना शुरु किया तथा जोर-जोर से ट्रेन की सीटी बजाता रहा। अंग्रेज अधिकारी ने पूछा कि ट्रेन क्यों नहीं आगे बढ़ रहे हा? इस पर देशभक्त ड्राईवर ने कहा ''साहब आगे लाइन की पटरी खराब है ट्रेन के गिरने का भय है'' तब तक जनता ने भी स्टेशन से धीरे-धीरे हटना शुरु कर दिया जैसा कि कई प्रत्यक्षदर्शी बताते हैं मैं कई स्वतंत्रता संग्राम सेनानियों से इस घटना को सुन चुका हूँ। उनका कहना था कि देशभक्त ड्राइवर की चालाकी से कई लोगों की जान बच गयी नहीं तो बहुत से लोग सेना की गोली से मारे गये होते तथा घायल होते।

कविता

अपने ही हाथों से अपना खूँ बहाना है हमें।
मादरे हिन्द को सर भेंट चढ़ाना है हमें।।
कूटते-कूटते बदन को करना है फौलाद।
दिल को कहीं पत्थर से सख्त बनान है हमें।।
विदेशी सुर्मे की जरुरत नहीं हमें।
जब कि खाके वतन लगाना है हमें।।
अपने ही हाथों ------

जनता की भीड़ पर अन्धा-धुन्ध गोली वर्षा

तार द्वारा सूचना प्राप्त होते ही तत्कालीन जिलाधिकारी मिस्टर नेब्लेट जो मधुबन काण्ड से क्षुब्ध तथा रुष्ट होकर मऊ में आकर बैठा था अपने साथ सहायक कप्तान कोमल सिंह तथा अन्य फौजी अधिकारियों एवं अन्य गोरे सैनिकों के साथ तुरन्त इन्दारा आ धमका और देखा कि कुछ लोग धीरे-धीरे अपने-अपने घरों को जा रहे थे उन निर्दोष लोगों के ऊपर गोली चलाने का आदेश दे दिया। जिसके परिणाम स्वरुप कितनों को अपनी जिन्दगी से हाथ धोना पड़ा तथा घायल होना पड़ा। जीवित बचे हुए प्रत्यक्षदर्शियों के कथानुसार तथा स्व. स्वतंत्रता संग्राम सेनानियों के कथनानुसार जिसमें मुहम्मदपुर, इन्दारा गाँव तथा महुआर गाँव के कुछ प्रत्यक्षदर्शी अभी भी जीवित हैं जिन्होंने बताया कि ''इंजन के साथ ट्रेन की जो बोगी जुड़ी हुई थी जिस पर अंग्रेज अधिकारी सहित अन्य सैनिक सवार थे। ट्रेन चालक भारतीय था सैनिकों ने ट्रेन की बोगी पर से ही शान्ति पूर्वक घर जा रही जनता के ऊपर गोली चलाना शुरु कर दिया तथा चालक को गाड़ी स्टेशन से पूरब की तरफ धीरे-धीरे बढ़ाने के लिए कहा जिससे भीड़ पर सीधे गोली चलाई जा सके। जिसमें रामचन्द्र सिंह, तथा मेरे गाँव के भुनेश्वर सिंह, मुहम्मदपुर के शिवनन्दन राजभर, पुरई, सुखारी, भिखारी (दोनों सगे भाई) तथा स्वतंत्रता संग्राम सेनानी स्व. अवध बिहारी (चकरा) स्व. श्रीराम (लखनी) तथा मेरे गाँव के स्व. शीतल प्रसाद, स्व. फूलबदन के कथनानुसार ''जनता ट्रेन की सीटी की आवाज सुनकर इधर-उधर दौड़ रही थी कि तब तक सैनिकों ने ट्रेन की बोगी पर से ही जनता की भीड़ पर गोली वर्षा शुरु कर दिया।

सैनिकों के गोली फायर करते ही चारों तरफ अफरा-तफरी मच गयी लोग जान बचाने के लिए इधर-उधर दौड़ने तथा छिपने लगे इन्दारा से उत्तर की ओर 3 किमी महुआर तक पानी ही पानी दिखायी दे रहा था।

बरसात का मौसम तथा अगस्त का महीना था चारों तरफ क्यारी तथा ऊसरीली भूमि में पानी ही पानी दिखाई दे रहा था मैदान में कहीं-कहीं पशु चर रहे थे। गोलियों की सन-सनाहट की आवाज से पशु-पक्षी इधर-उधर भागने लगे तथा कुछ जनता पूरब की तरफ रेल की पटरी पकड़ कर दौड़ रही थी तथा कुछ जनता उत्तर की तरफ सेना से सामना करती हुई दौड़ रही थी बड़ा ही वीभत्स दृश्य था। चारों तरफ हाहाकार मचा हुआ था रेल की पटरी पकड़ कर पूरब की तरफ जाने वाली जनता से देशभक्त ड्राईवर ने कहा कि ''रेल की पटरी छोड़कर भागो नहीं तो गोली से मार दिये जाओगे। उस समय आजमगढ़ के तत्कालीन डी.एम. मिस्टर नेब्लेट तथा अंग्रेज अधिकारी सैनिकों को जनता की भीड़ पर गोली चलाने कि लिए आदेश देते हुए आगे बढ़ रहे थे। उस समय इन्दारा रामलीला की रामकुटी पर खुड़बुड़दास नामक एक साधू रहते थे तो भगवान का भजन किया करते थे।

रामचन्द्र सिंह के कथनानुसार खुड़बुड़दास साधू जनता से जमीन पर सो जाने को कहे तथा कहे कि बच्चों राम-राम करते हुए जमीन पर लेट कर बचो। शिवपाल सिंह के कथानुसार ''ये कागज के बण्डल तथा दफ्ती एवं रजिस्टर ही लेकर दौड़ रहे थे। प्रत्यक्षदर्शियों के कथनानुसार भारतीय सैनिक अपने देश की जनता को अपनी गोली के निशाने से बचा रहे थे तथा जनता को भाग जाने के लिए कह रहे थे। जनता को आगे-पीछे अगल-बगल चारों तरफ गोलियों की सनसनाहट सुनाई दे रही थी तथा पशु-पक्षी गोलियों की आवाज से बेचैन होकर इधर-उधर भाग रहे थे। दौड़ने वाली भीड़ के कान के बगल से गोलियां भन्नाती हुई पिन्न से करती हुई निकल जाती थीं गोली किसी के लाठी मे लगी में तो किसी के फावड़े के बेट में लगी जिससे फावड़े के बेट और लाठी के दो-दो टुकड़े हो गये।

भारतीय सैनिक भारतीय निता के प्रति सहानुभूति रखते हुए तथा जनता को अपने लक्ष्य से बचाकर ही गोली चला रहे थे प्रत्यक्षदर्शी मुहम्मदपुर के शिवनन्दन राजभर के कथनानुसार ''मैं तथा मेरे सगे भाई तुलसी तथा गुन्नू जगलाल, गिरवर और शीतलदेव एक साथ स्टेशन से उत्तर की तरफ दौड़ रहे थे तथा हमारे सामने इन्दारा से मुहम्मदपुर तक गड्ढ़ों में 2 से 3 फुट तक बरसाती पानी दिखाई दे रहा था। पूरा मैदान जलप्लावन का रुप धारण किये हुए था। पशु जो मैदान में चर रहे थे गोलियों की आवाज सुनकर बाँय-बाँय करते हुए जोर-जोर से चिंघाड़ करते हुए भाग रहे थे। तड़ तड़ करती हुई बन्दूकों की आवाज सुनाई दे रही थी कभी-कभी गोली हमरे साथियों के कान से भन्नाती हुई सन्न से करते हुए निकल जाती थी तथा कभी गोली सामने के गड्ढ़ों में गिरकर छन-छनाती हुई ठण्डी पड़ जाती थी बड़ा भयानक दृश्य था चारों तरफ हाहाकार मचा हुआ था सारी जनता इन्दारा स्टेशन के उत्तर की तरफ दौड़ रही थी।

अंग्रेज अधिकारी के आदेश के बावजूद भारतीय सैनिक भारतीय जनता को अपनी तरफ से गोलियों के निशाने से बचा रहे थे तथा उनकी प्राण रक्षा कर रहे थे। रेल की पटरी छोड़कर जनता उत्तर तथा दक्षिण की तरफ दौड़ने लगी। रेल पटरी पकड़कर दौड़ने का मतलब था रेल लाईन पर इंजन को दौड़ा कर दोनों तरफ की भीड़ को सैनिक अपनी बन्दूकों का लक्ष्य बना लेते। जनता गिरती पड़ती दौड़ रही थी चारों तरफ लबालब पानी भरा होने से समुद्र जैसा दृश्य उत्पन्न हो गया था। एक तरफ ब्रिटिश सरकार की गोलियों की आवाज सुनायी दे रही थी तो दूसरी मातृभूमि की प्रेमी एवं स्वतंत्रता की दीवानी जनता की आवाज थी जो सिर पर कफन बांध कर मर मिटने के लिए तैयार थी। प्रत्यक्षदर्शी शिवनन्दन राजभर के कथनानुसार पशु और पक्षी गोलियों की आवाज सुनकर इधर-उधर भाग रहे थे जनता इन्दारा से उत्तर तथा पूरब दिशा की ओर दौड़ रही थी गोलियां दौड़ने वालों के अगल-बगल से सनसनाती हुई निकल जाती थी तथा सामने की ओर बगल के गड्ढ़ों में गिर कर छन-छनाती हुई ठण्डी हो जाती थी।

आप पहले ही पढ़ चुके होंगे कि इन्दारा स्टेशन से उत्तर मुहम्मदपुर से महुआर तक तथा मुहम्मदपुर से इन्दारा तक 4-5 किमी. क्षेत्र में फैला हुआ बरसाती पानी समुद्र के स्वरुप दिखायी दे रहा था। दौड़ने वाली जनता को बड़ी कठिनाईयों का सामना करना पड़ रहा था। इन्दारा जाने वाली जनता के मन में देश के प्रति प्रेम आजादी के प्रति सत्यनिष्ठा तथा दिल में क्रान्ति की धधकती हुई ज्वाला थी। दौड़ते समय लोगों को पानी के कठिन सैलाब का सामना करना पड़ रहा था। पीछे गोरी सैनिकों की गोलियां भनभनाती हुई क्रान्तिकारी जनता के कान के बगल से निकल जाती थी तथा कभी-कभी गोली किसी की लाठी में लग कर लाठी के दो टुकड़े कर जाती थी जो साक्ष्य रुप में अब भी कई क्रान्तिकारी जनता के पास मौजूद है। सैनिकों की 3 टुकड़ी सात-सात की संख्या में इन्दारा स्टेशन से उत्तर की तरफ गोली बरसाती हुई आगे बढ़ रही थी। तथा क्रान्तिकारी जनता के ऊपर गाली दाग रही थी। सैनिकों की गोलियां हवा में लहराती हुई किसी क्रान्तिकारी के तन में लगती या उसकी लाठी या खेत में कृषि कार्य करते हुए किसी मजदूर के फावड़े में लगकर फावड़े के बेंट को दो टुकड़े कर डालती। या फिर किसी पानी भरे गड्ढ़े में गिरकर ठण्डी हो जाती। इन्दारा से महुआर तक का दृश्य बड़ा ही भयावह था। सावन भादो का महीना होने से चारों तरफ जल ही जल दिखायी दे रहा था बीच का गाँव मुहम्मदपुर किसी समुद्री टीले के समान लग रहा था इन दोनों गाँव की अधिकांश जनता का दबाव इन्दारा स्टेशन पर बना हुआ था। इन गाँवों के प्रत्येक घर से एक या लगभग सभी नौजवान इन्दारा स्टेशन की स्वतन्त्रता की क्रान्ति में भाग लेने गये थे। शाम को इधर-उधर से किसी तरह दौड़ते तथा हांफते हुए अपने-अपने घर रात तक पहुँचे थे उनके पैरों में कीचड़ तथा पानी लगा हुआ था। उनके शरीर का कपड़ा गिरते पड़ते समय कीचड़ भरे पानी में भींग कर गन्दा हो गया था बड़ा कारुणिक तथा वीभत्स दृश्य था। महुआर, इन्दारा, मुहम्मदपुर, इन तीनों गाँवों में रात को सन्नाटा छाया हुआ था। बरसात की रात होने के कारण काली रात बड़ी भयावनी लग रही थी। हर घर सूना पड़ा था। हर लोग गोरीसेना के भय से चुपचाप अपने घरों में दुबके पड़े हुए या घर छोड़ कर बाहर अज्ञात स्थानों को जा चुके थे।

सैनिकों की तीनों टुकड़ी इन्दारा से उत्तर की तरफ गोलियों की बौछार करती हुई आगे की ओर बढ़ रही थी। उनकी गोलियों के लक्ष्य से बचने के लिए जनता इधर-उधर दौड़ रही थी तथा ईश्वर पर भरोसा रखकर प्राण रक्षा के लिए भयभी त थी क्योंकि उनके आगे-पीछे, अगल-बगल चारों तरफ गोलियों की धुँआँधार बौछार हो रही थी गोलियां सनसनाती हुई उनके कान से भन्नाती हुई निकल जाती थी तथा सामने के पानी भरे गड्ढ़े में गिरकर ठण्डी हो जाती थी। इसी क्रम में सैनिकों से सामना करने वाले युवकों में मेरे गाँव महुआर के नवयुवक शीतलप्रसाद सिंह, फूलबदन सिंह तथा स्व. शहीद हरिहर सिंह एक साथ चल रहे थे। उनके ऊपर सामने से सैनिकों की गोली बरस रही थी सामना करने वाले तीनों युवक एक साथ इन्दारा स्टेशन से उत्तर की तरफ दौड़ रहे थे।

इन्दारा मिशन के मुख्य द्वार से पश्चिम की तरफ 50-60 मीटर की दूरी पर तथा इन्दारा रामलीला के राम चबूतरा के पीछे पश्चिम की तरफ लगभग 20-30 मीटर की दूरी पर एक आम का पेड़ था जो अब कट चुका है। उसी स्थान पर सेना का सामना करने वाले तीनों साथियों अमर शहीद हरिहर सिंह, स्व. शीतल प्रसाद सिंह, एवं स्व. फूलबदन सिंह के ऊपर अंग्रेज सैनिक अधिकारी के गोली की बौछार करना शुरु कर दिया। अंग्रेज सैनिक जो सम्भवतः एंग्लो इण्डियन था जिसकी पहली गोली अमर शहीद हरिहर सिंह के पैर में लगी पर वे गिरे नहीं अपने साथ के कपड़ा से पैर को बांध कर दौड़ते रहे। उनके दोनों साथी शीतल प्रसाद सिंह तथा फूलबदन सिंह उनका दायां तथा बायां दोनों हाथ पकड़ कर सैनिकों की गोलियों का सामना करते हुए अपने को बचाते हुए दौड़ रहे थे। इन दौड़ते हुए युवकों पर दूसरी गोली अंग्रेज सैनिक अधिकारी ने दाग दिया जो शहीद हरिहर सिंह के कमर में लगी तथा वे लड़खड़ाने लगे परन्तु उन्होंने हिम्मत नहीं छोड़ी उनके दोनों साथियों (जैसा कि स्व. शीतलप्रसाद सिंह तथा स्व. फूलबदन सिंह मुझे बताते थे जो स्वयं उनके साथ में थे) उन लोगों के कथनानुसार दौड़ते हुए शहीद हरिहर सिंह के ऊपर अंग्रेज सैनिक अधिकारी लगातार गोली दागता जा रहा था। कमर में गोली लगने से हरिहर सिंह लड़खड़ा ही रहे थे कि तीसरी गोली हरिहर सिंह की छाती में लगी क्योंकि वे अंग्रेज अधिकारी के ठीक सामने थे। गोली हरिहर सिंह के वक्षस्थल को चीरती हुई शरीर को छेद कर पार कर गयी वे ''भारत माता की जय'' कह कर गिर पड़े और छटपटाने लगे उनके दोनों साथी शीतलप्रसाद सिंह तथा फूलबदन सिंह उनको उठाने की कोशिश कर रहे थे जिनको उन्होंने स्वयं मना कर दिया उन्होंने कहा कि ''जवानों मुझे छोड़ कर भाग जाओ मैं अब नहीं बचूंगा''। तीन गोली खाकर वीर हरिहर सिंह शहीद हो गये तथा भारत माता की गोद में सदा के लिए सो गये जो कभी नहीं उठे। भारत माता को स्वतन्त्र कराने वाले वीर शहीदों में अपना नाम लिखा लिये।

अमर शहीद हरिहर का नाम इन्दारा क्षेत्र की जनता की जुबान पर अब भी याद है जो उस दृश्य को देखे थे अब भी बताते हैं उनके साथ के साथी फूलबदन सिंह की लाठी में पुलिस की गोली लगने से लाठी के खड़े-खड़े दो फाड़ हो गये थे। वह लाठी फूलबदन सिंह के पास बहुत दिनों तक स्मरण स्वरुप रही है। जिसे फूलबदन सिंह स्वयं दिखाते थे। प्रत्यक्षदर्शी मुहम्मदपुर के शिवनन्दन राजभर के कथनानुसार शिवनन्दन का छोटा भाई तुलसी राजभर गिर कर दम तोड़ते हुए हरिहर सिंह को देख रहा था कि उसकी लाठी में गोली लगी। लाठी हाथ से छूट कर दूर चली गयी तथा लाठी पर गोली लगने से जलने का निशान बन गया। तुलसी के शरीर में गोली न लगकर उसके पहने हुए कुर्ता को फाड़ती हुई बगल से निकल गयी। शिवनन्दन ने कहा कि ''तुलसी तुम सीधे न दौड़ो टेड़े-मेड़े गोली से बचते हुए दौड़ो नहीं तो गोली लग जायेगी''। तुलसी राजभर ने गोली से आंख मिचोली करके अपनी जान बचायी।

इन्दारा ग्राम (बभनपुरा) के नरेश पाण्डेय अपने समय के अच्छे पंडित थे। प्रत्यक्षदर्शियों के अनुसार मुहम्मदपुर के सामने सैनिकों की गोलियों से घिर कर तथा बच कर दौड़ रहे थे जब गोली आती तो वे सो जाते तथा फिर उठकर दौड़ने लगते। या फिर गोली से बचने के लिए (एक किस्म का अनाज) के खेत में लेटकर किसी तरह गिरते पड़ते अपनी जान बचाकर एक टीले की आड़ में छिप गये जो भाग्यवश बच गये। निरीह तथा निहत्थी जनता ब्रिटिश सैनिकों की गोलियों से भूनी जा रही थी। चारों तरफ हाहाकार मचा हुआ था। पशु पक्षियों में भय तथा आतंक व्यापत हो गया था। मरते समय हरिहर सिंह के मुख से "भारत माता की जय" की आवाज निकली थी तथा साथियों से कहे कि ऐसी मौत देश पर मरने वाले वीरों को ही मिलती है। शहीद हरिहर सिंह की पत्नी 17 अगस्त सन् 1942 से दो वर्ष पहले ही मर चुकीं थी। वे विधुर थे केवल उनका एक ही पुत्र है। उनके पिता का नाम सब लायक सिंह था।

अज्ञात व्यक्ति शहीदः शहीद हरिहर सिंह के बाद दूसरा अज्ञात व्यक्ति इन्दारा की क्रान्ति में शहीद हुआ जिसके शव की पहचान नहीं हो सही। शहीद हरिहर सिंह के साथियों का पीछा करती हुई सेना आगे बढ़ रही थी कि तब तक अंग्रेज अधिकारी की दृष्टि एक पचास वर्षीय अधेड़ व्यक्ति पर पड़ी जो गोली से बचने के लिए पास के गड्ढ़े में छिपना चाहता था। अंग्रेज अधिकारी ने छिपने वाले व्यक्ति को अपनी गोली का शिकार बनाया। वह अधेड़ व्यक्ति गोली खाकर छटपटाने लगा तथा क्षण भर चीखने-चिल्लाने के बाद ठण्डा हो गया सैनिक जनता का पीछा करते हुए इन्दारा से उत्तर मुहम्मदपुर की तरफ बढ़ रहे थे। इन्दारा में सेना की गोली खाकर वह दूसरा अज्ञात व्यक्ति शहीद हुआ। जिसके शव की पहचान नहीं हो सकी। जिसका बाद में भी पता नहीं चला कि वह व्यक्ति कौन था। कहां का था? उसको मेरे स्व. पिता देवमुनी सिंह तथा मेरे बड़े भाई रामचन्द्र सिंह ने पास के गड्ढ़े में गोली खाकर छटपटाते

जिस बच्चे को लेकर महिला गन्ने के खेत में छिपना चाहती थी गोली लगते ही बच्चा माँ की गोद में ही भारत माँ के लिए शहीद हो गया तथा अपना नाम शहीदों की श्रेणी में लिखा लिया। आने वाला समय उन दो वर्षीय बालक की शहादत को नहीं भूलेगाा। मुन्ना की माँ चिल्लाती रह गयी। न कहीं अदालत, न कहीं अपील, न कहीं सुनवाई। खून से लतपत बालक के शव को साथ लेकर मुन्ना राजभर की माँ महुआर गाँव के मुखिया देवनन्दन के पास गयी और रोती हुई मुखिया से बोली कि "बाबू मेरा छोटा सा बालक (मुन्ना) सेना की गोली से मार दिया गया। महिला की बोली सुनकर मुखिया देवनन्दन सिंह ने कहा "इस समय हम तुम्हारी कुछ मदद नही कर पायेंगे। सारे देश पर संकट के बादल छाये हुए हैं स्वतन्त्रता का संघर्ष चल रहा है तुम वापस घर चली जाओ भगवान भरोसे संतोष करो"।

मुखिया की आवाज सुनकर बंशी राजभर की पत्नी दबे पांव बच्चे का शव लिए घर लौट आई। आंखों में आंसू भरे सिसकती हुई कौन उसका दुःख सुनने वाला था? मासूम बच्चा माँ की गोद में ही क्रूर शासन की गोली खाकर शहीद हो गया।

ऐसे बच्चे धन्य हैं जो माँ की गोद में गोली खाकर शहीद हुए। उनका नाम भारत के इतिहास में अमर रहेगा। ऐसा था सन् 1942 में इन्दारा का ''अंग्रेजों भारत छोड़ो'' आन्दोलन। जिसमें इन्दारा की क्रान्तिकारी जनता को अन्धाधुन्ध गोलियों की बौछार से भूना गया तथा उनको हर तरह से रौंदा गया। इन्दारा की क्रान्ति में शहीद हरिहर सिंह सहित 3 व्यक्ति सेना की गोली से मारे गये तथा भारत माता के लिए शहीद हो गये। जिनकी कहानी अब भी प्रत्यक्षदर्शी जनता की जुबान पर है। सन् 1942 के स्वतन्त्रता संग्राम को जनता ने अपनी आंखों से देखा था। आज भी अपनी वाणी से बताते हैं।

अमर शहीद हरिहर सिंह शहीद स्थल

इन्दारा मिशन के मुख्य द्वार पश्चिम की तरफ तथा इन्दारा रामलीला के राम चबूतरा से दक्षिण-पश्चिम छोर पर जहाँ से इन्दारा-पहसा मार्ग गुजरता है। इसी मोड़ पर एक आम का पेड़ था। जो अब कट चुका है उसी आम के पेड़ के नीचे महुआर गाँव के 25 वर्षीय नौजवान अमर शहीद हरिहर सिंह 17 अगस्त सन् 1942 को इन्दारा के स्वतन्त्रता संग्राम में ब्रिटिश सरकार की 3 गोली खाकर शहीद हो गये।

वह स्थल खाली सुना पड़ा है लेखक ने राष्ट्रीय तिरंगा झण्डा गाड़कर शहीद स्थल के इस केन्द्र को कैमरे में कैद कर लिया जहाँ चित्र में राष्ट्रीय झण्डा दिखाई दे रहा है वहीं पर हरिहर सिंह सेना की गोली खाकर भारत माता के लिए शहीद हो गये।

उनकी स्मृति में गाँव महुआर में उ०प्र० सरकार द्वारा शहीद स्तम्भ का निर्माण कराया गया है।

यही शहीद स्थल है जहाँ इन्दारा क्रान्ति के नायक स्व. अमर शहीद हरिहर सिंह शहीद हुए उनका शहीद स्थल भी यही स्थान है। रेलवे प्लेटफार्म से यह स्थान लगभग डेढ़ दो सौ मीटर पुर्वोत्तर की दिशा में स्थित है। यहाँ मिशन के मुख्यद्वार के सामने जहाँ से इन्दारा-पहसा मार्ग गुजरता है इसी मोड़ पर सेना की गोली खाकर वीर हरिहर सिंह शहीद हुए।

रेलवे प्लेटफार्म पर से मऊ से आई स्पेशल ट्रेन की बोगी पर से ही अंग्रेज सैनिक अधिकारी ने हरिहर सिंह के ऊपर गोली चलाई थी जिसकी गोली से हरिहर सिंह वीर गति को प्राप्त हुए।

जहाँ पर से अंग्रेज अधिकारी ने हरिहर सिंह को गोली मारा था। प्लेटफार्म पर से तिरंगा झण्डा शहीद स्थल केन्द्र स्पष्ट दिखाई देता है।

इन्दारा स्टेशन पर गोली चलने के बाद 17 अगस्त सन् 1942 की शाम को सेना इन्दारा के उत्तर मुहम्मदपुर गाँव में पहुँची तथा गिरवर यादव के पिता किशुनदयाल यादव और गिरवर यादव के मामा भागीरथी यादव को पकड़ा जो इन्दारा गाँव के थे।

किशुनदयाल यादव अभी हल जोतकर खेत से आये थे इन्हीं के साथ मुहम्मदपुर के झिल्लर यादव को भी पुलिस ने दबिश देकर पकड़ लिया सेना की दबिश मुहम्मदपुर गाँव में जारी रही इस गाँव के सारे नौजवान घर छोड़कर भाग गये थे। घर पर केवल महिलायें, बूढ़े और बच्चे थे। घर-घर घूमकर सेना ने दबिश देना तथा अत्याचार करना शुरु किया। सेना ने ग्राम मुहम्मदपुर के सरयू स्वतंत्रता संग्राम सेनानी स्व. दूधनाथ सिंह के पिता को घर से धर दबोचा तथा उनके पट्टीदार अनिरूद्ध के घर पर भी दबिश दिया दोनों बूढ़े घर पर ही पकड़ लिए गये।

सेना ने बहुत मारा पीटा यातना दिया मगर इन दोनों बूढ़ों ने किसी क्रान्तिकारी के बारे में अपनी अनभिज्ञता जाहिर किया। उसी समय जिस समय अनिरूद्ध सिंह के घर की तलाशी सेना द्वारा ली जा रही थी मेरे गाँव महुआर के शीतलप्रसाद सिंह और फूलबदन सिंह जो शहीद हरिहर सिंह के साथ दौड़ रहे थे किसी तरह छिपकर अनिरूद्ध सिंह के घर के अंदर चीनी पकाने वाले मिट्टी के बड़े हौदा के अंदर छिपे थे। सेना अनिरूद्ध सिंह के घर की तलाशी ले रही थी जिस घर में ये दोनों युवक हौदा के अन्दर छिपे थे उस कमरे के दोनों तरफ का दरवाजा खुला था। शीतल प्रसाद के कथनानुसार ''एक सैनिक कमरे में अन्दर प्रवेश किया तब तक अंग्रेज अधिकारी ने सैनिक को डांट दिया कि उस कमरे में क्यों जा रहे हो देखते नहीं हो उस कमरे का दरवाजा दोनों तरफ खुला है कोई अन्दर होता तो दरवाजा बन्द रहता''।

उसी समय एक खड़ी खाली पड़ी मिट्टी की कुठली (एक प्रकार का कच्ची मिट्टी का बर्तन जिसमें अनाज रखा जाता है) पर एक सैनिक की दृष्टि पड़ी वे उसमें अन्दर झांक कर देखने लगे तथा बन्दूक का कुन्दा डालकर अन्दाज लगाने लगे कि कोई व्यक्ति कुठली के अन्दर छिपा तो नहीं है? एक सैनिक ने कहा कि कुठली के अन्दर से सांस आ रही है इस पर उस सैनिक ने कुठली के अन्दर हाथ डालकर उसमें छिपी हुई महिला अनिरूद्ध सिंह की भाभी बलदेव सिंह की पत्नी का बाल पकड़कर बाहर खींच लिया तथा क्रान्तिकारियों का पता पूछने लगा पर उस वीर महिला ने कुछ नहीं बताया। जबकि उसी समय उसके घर के अन्दर शीतलप्रसाद सिंह तथा फूलबदन सिंह छिपे थे ये छिपे दोनों नौजवान शीतल प्रसाद तथा फूलबदन डर रहे थे कि कहीं पुलिस हम लोगों को नाँद के अन्दर से पकड़ न ले वहीं नांद के अन्दर ये दोनों नवयुवक छिपे थे पुलिस की दबिश तथा अत्याचार मुहम्मदपुर एवं इन्दारा गाँव में शाम तक जारी रहा। सेना क्रान्तिकारी जनता को ढूँढ़ती हुई तथा गोली बरसाती हुई आगे बढ़ रही थी।

मुहम्मदपुर के रामवृक्ष सिंह के कथनानुसार "हम तथा हमारे साथ हमारे गाँव के भवनाथ सिंह तथा इन्दारा गाँव के बब्बन एक साथ इन्दारा से उत्तर की तरफ सेना की गोली के भय से भाग रहे थे तथा सेना की गोली से बच रहे थे हमारे सामने ही महुआर गाँव के हरिहर सिंह सेना की गोली खाकर "भारत माता की जय" कहकर धरती पर गिर पड़े तथा शहीद हो गये। इसी बीच मेरे साथ भागते हुए इन्दारा के बब्बन तेली की लाठी में सेना की गोली लगी। गोली के लगने से लाठी हाथ से छटक कर कई मीटर ऊपर चली गई। मुहम्मदपुर के रामवृक्ष सिंह के ही कथनानुसार हम तीनों व्यक्ति भागते हुए इन्दारा गाँव के पश्चिम पट्टी में हरदत्त सिंह के घर में छिपने के लिए पहुँचे। हरदत्त सिंह ने कहा आप लोग भाग जाइये। हमारे घर में जगह नहीं है। मैं आप लोगों को शरण नहीं दे पाऊँगा गोरी सेना हमको भी परेशान करेगी उनकी बात सुनकर हम तीनों आदमी भागकर लैरो गाँव में एक सुरक्षित स्थान पर छिपे रहे तथा दूसरे दिन लगभग 5 बजे अपने घर मुहम्मदपुर वापस आये और घर पर हमने देखा कि ब्रिटिश सेना ने कितना अत्याचार किया है। घर जाने पर ही पता चला कि मेरे गाँव के अनिरूद्ध सिंह तथा सरयू सिंह (स्वतन्त्रता संग्राम सेनानी) स्व. दूधनाथ सिंह के पिता को सेना पकड़ कर ले गयी। जिस समय सेना मुहम्मदपुर में दबिश दे रही थी तथा घर-घर की तलाशी ले रही थी। अनिरूद्ध सिंह के धर की महिलायें गन्ने के खेत में सेना के भय से छिप गयी थी केवल बूढ़े लोग दरवाजे पर थे। सैनिकों ने ढूँढ़ते हुए उन्हें पकड़ लिया तथा टांगकर बाहर ले आये। मुहम्मदपुर के पकड़े गये लोगों में किशुनदयाल यादव उनका साला इन्दारा गाँव का भागीरथी यादव तथा एक नौजवान झिल्लर यादव था। सेना ने अनिरूद्ध सिंह, सरयू सिंह, को पकड़कर कड़ी पूछ-ताछ की लेकिन ये दोनों बूढ़े कड़ी यातना सहने के बाद भी मरे हुए शहीद हरिहर सिंह के शव की पहचान करने से इन्कार कर दिया। सेना ने इन पकड़े हुए लोगों श्री किशुनदयाल यादव, भागीरथी यादव, झील्लर यादव से भी बड़ी कड़ाई से पूछ-ताछ की तथा दो-चार हाथ एवं डण्डे से मारा पीटा लेकिन इन लोगों ने किसी आन्दोलनकारी नेता या जनता का नाम नहीं बताया। सेना ने इन्हें हर तरह से प्रताड़ित किया सेना ने शहीद हरिहर सिंह के शव की पहचान कराना चाही।

परन्तु पकड़े गये लोगों ने अपनी तरफ से शव की पहचान करने से इन्कार कर दिया। कमजोर दिल वाला झील्लर यादव शहीद हरिहर सिंह के शव के बारे में सेना से कुछ बताना चाहा परन्तु अनिरूद्ध सिंह ने पैर से पैर दबाकर इशाकर करके बताने से मना कर दिया।

इससे झील्लर यादव भी शहीद हरिहर सिंह का नाम, ग्राम, पता सेना को नहीं बता सका। चार-पाँच दिन आजमगढ़ जेल में रखने के बाद साक्ष्य के अभाव में मुहम्मदपुर के किशुनदयाल, भागीरथी यादव, सरयू सिंह, अनिरूद्ध सिंह तथा झील्लर यादव छोड़ दिये गये।

मौत उसकी है करे जिसका जमाना अफ्सोस।
यूँ तो दुनियां में सभी आयें हैं मरने के लिए।।

उस्ताद महमूद खाँ

वीर महिला देवराजी : 17 अगस्त को जिस समय सेना जनता का पीछा करती हुई इन्दारा स्टेशन से उत्तर मुहम्मदपुर गाँव में पहुँची। आप पहले ही पढ़ चुके होंगे कि किशुनदयाल यादव, भागीरथी यादव और झील्लर यादव तथा अनिरूद्ध सिंह और सरजू सिंह को पकड़ लिया गया। सेना ने इन लोगों को बन्दूक के कुन्दों से पीटना शुरु किया। सभी नौजवान घर छोड़कर भाग गये थे। अंग्रेज सैनिक किशुनदयाल यादव के घर में प्रवेश करने तथा क्रान्तिकारी जनता की तलाश में इनके घर की तलाशी लेना चाहते थे सेना को यह शंका थी कि किशुनदयाल यादव के घर में अन्दर क्रान्तिकारी नेता छिपे हैं। इसी समय किशुनदयाल के बड़े भाई गिरवर यादव की पत्नी का रात को बच्चा पैदा हुआ था। आज भी वह बच्चा जीवित हैं जो बूढ़ा हो चुका है। उसका नाम फौजदार यादव है। 17 अगस्त सन् 1942 के दिन बच्चा पैदा होने के कारण उस बच्चे का नामकरण फौजदार यादव रखा गया क्योंकि उसी दिन इन्दारा का क्रान्तिकारी आन्दोलन हुआ था। फौजदार यादव गिरवर यादव पहलवान का लड़का है।

जैसा कि आप पहले ही पढ़ चुके हैं कि गिरवर यादव के साथ मुहम्मदपुर गाँव के सैकड़ों नौजवान इन्दारा आन्दोलन में भाग लेने इन्दारा स्टेशन गये थे। जिसमें गिरवर यादव सहित शीतल देवराजभर, रईमल अहीर, गुन्नू राजभर, तुलसी राजभर, शिवनन्दन राजभर (दोनों सगे भाई), झगरु राजभर, पूजन राजभर, टीमल राजभर, सुखारी राजभर, भिखारी राजभर (दोनों सगे भाई) भवनाथ सिंह, दूधनाथ सिंह, रामवृक्ष सिंह, सुमेर सिंह इत्यादि लोग शामिल थे। जिस घर के अन्दर गिरवर यादव की पत्नी ने रात को बच्चे को जन्म दिया था अंग्रेज सेना इस घर के अन्दर प्रवेश करना चाहती थी उन्हें शंका थी कि घर के अन्दर आन्दोलनकारी जनता छिपी है सैनिकों ने कहा ''हम घर की तलाशी लेंगे अन्दर ब्रिटिश सरकार विरोधी क्रान्तिकारी छिपे हैं। जिन्होंने इन्दारा स्टेशन को फूंका तथा लूटा है''।

दरवाजे पर गिरवर यादव पहलवान की बहिन श्रीमती देवराजी यादव जो एक लम्बी गोरी हृष्ट-पुष्ट महिला थी लकड़ी का मूसल (जिससे धन कूटा जाता है) लेकर खड़ी हो गयी तथा बहादुर देवराजी ने कहा कि ''मैं आप लोगों को घर के अन्दर प्रवेश नहीं करने दूंगी। चाहे मुझे मौत का सामना ही क्यों न करना पड़े? क्योंकि अभी रात्रि को मेरी भाभी गिरवर यादव की पत्नी ने नवजात शिशु को जन्म दिया है तथा मेरी भाभी उस नवजात शिशु के साथ घर के अन्दर पड़ी है''। इतनी बात सुनकर अंग्रेज कैप्टन का मुँह लाल हो गया तथा वह क्रोधित होकर कहा कि ''सैनिक घर के अन्दर प्रवेश करेंगे घर के अन्दर क्रान्तिकारी छुपे हैं''।

वीर महिला देवराजी ने कहा "ऐसा नहीं होगा मेरे मरने के बाद ही आप लोग मेरी लाश के ऊपर से मेरे घर के अन्दर प्रवेश करेंगे" देवराजी अभी हाल ही में स्वर्गवासी हुई हैं। शक्तिशाली देवराजी के सामने गोरी सेना की एक न चली देवराजी मूसल लेकर वीरता के साथ अपनी बात पर डटी रहीं। लाख प्रयत्न करने के बाद भी सैनिक घर के अन्दर प्रवेश नहीं कर पाये। हार कर ब्रिटिश सैनिकों को देवराजी के घर से वापस जाना पड़ा।

ऐसी थीं भारतीय वीर महिलायें जिन्होंने सन् 1857 के गदर में तथा सन् 1942 के "अंग्रेजों भारत छोड़ो" आन्दोलन में अपनी वीरता का परिचय दिया। जिनकी वीरता की अनेक कहानियां तथा अतीत की घटनायें इतिहास के पन्नों में दबी पड़ी हैं। जो आज तक प्रकाश में नहीं आयी हैं। जिनकी वीरता का इतिहास दबा तथा छिपा पड़ा हुआ है। इन वीरांगनाओं ने अपना सब कुछ न्यौछावर करके भारत माँ की आन-मान तथा मर्यादा की रक्षा किया है। ऐसी विरांगनाएँ धन्य हैं तथा भारत माता को उन पर गर्व है। इनसे झांसी की रानी लक्ष्मीबाई, बेगम हरजत महल, जीनत अमान, तथा सुभद्राकुमारी चौहान का किसी से कम योगदान नहीं है।

अंग्रेजी सेना का दबिश : 17 अगस्त को इन्दारा स्टेशन से सेना जनता का पीछा करती हुई मुहम्मदपुर गाँव में क्रान्तिकारियों को ढूंढ़ती हुई मुहम्मदपुर से आगे इन्दारा गाँव में पहुँचीं। इस गाँव में स्वतंत्रता संग्राम सेनानी स्व. भोला सिंह, स्व. अछैबर सिंह, स्व. साधू सिंह, स्व. विश्वनाथ पाण्डेय, इन्दारा के जन आन्दोलन में सक्रिय रुप से भाग लिये थे तथा इन्दारा स्वतन्त्रता संग्राम के तोड़-फोड़ में शामिल थे। सेना ने क्रान्तिकारियों को ढूंढ़ती हुई इन्दारा गाँव में शाम को दबिश दिया।

गाँव के सारे नौजवान घर द्वार छोड़कर भाग गये थे केवल घर पर बूढ़े ही रह गये थे। छोटे बच्चों को लेकर घर की महिलायें गाँव छोड़कर गाँव से दूर जंगल या खेत में छिप गयी थीं। घर द्वार सब सूना लग रहा था। पूरे गाँव में अजीब तरह का सन्नाटा छाया हुआ था। इन्दारा गाँव में जब सेना पहुँची तो उस गाँव के कामता से सेना की मुलाकात हुई। एक सैनिक ने कामता को दो थप्पड़ मारकर क्रान्तिकारियों का पता ठिकाना पूछा कामता ने कहा कि "साहब मैं कुछ नहीं जानता हूँ मैं गरीब निर्दोष आदमी हूँ।" इस पर सैनिकों ने कामता तेली को छोड़ दिया। गोरे सैनिक इन्दारा गाँव के अन्दर घूम ही रहे थे कि इनकी दृष्टि इन्दारा के धन्नीलाल श्रीवास्तव पर पड़ी। धन्नीलाल श्रीवास्तव उस समय सरकारी कर्मचारी राजस्व विभाग में पटवारी के पद पर कार्यरत थे तथा खड़ाऊं पहन कर टहल रहे थे। सेना ने उनको पकड़ा तथा बागियों का नाम-पता तथा ठिकाना पूछा। धन्नीलाल ने बड़े गर्व से कहा साहब मैं सरकारी मुलाजिम हूँ सरकार का सेवक हूँ। तब सैनिकों ने डांटते हुए आन्दोलनकारियों का नाम, पता व ठिकाना पूछा।

धन्नीलाल ने उनका पता बताने से इन्कार कर दिया तब सैनिकों ने धन्नीलाल को गाली देते हुए बन्दूक के कुन्दे से दो चार बार मारा और छोड़ दिया।

गोरी सेना ने सारे इन्दारा गाँव को ढूंढ़ डाला मगर वहाँ कोई क्रान्तिकारी नहीं मिला। सैनिक इन्दारा गाँव में क्रान्तिकारियों को ढूंढ़ रहे थे। गाँव सूना लग रहा था सब लोग घर छोड़कर सेना के भय से पलायन कर गये थे। एक-दो बूढ़े या बूढ़ियां घर पर थी। गोरी सेना को कोई नहीं मिला। इन्दारा स्टेशन के रेल कर्मचारियों ने गोरी सेना को इन्दारा तथा मुहम्मदपुर के लोगों को शामिल होना बताया जिसमें इन्दारा के भोला सिंह, साधू सिंह, अच्छैबर सिंह, विश्वनाथ पाण्डेय का नाम तथा मुहम्मदपुर के दूधनाथ सिंह और महुआर के शिवपूजन पाण्डेय, जगतनारायण सिंह, सकलदीप सिंह का नाम बताया था। बताने वालों में इन्दारा स्टेशन के तत्कालीन मेहतर अदरी के रहने वाले फेकूराम तथा स्टेशन मास्टर रामदास, टिकट कलेक्टर उमाशंकर सिंह शामिल थे। इन्हीं लोगों के बताये हुए नाम के आधार पर सेना ने इन क्रान्तिकारियों को ढूंढ़ना शुरु किया। कोई क्रान्तिकारी सेना को नहीं मिला। तब तक सेना की मुलाकात इन्दारा गाँव के एक सम्मानित व्यक्ति बाबू बुटेली सिंह से हुई।

उन्होंने अपने गाँव इन्दारा के विषय में बताया कि साहब सभी लोग सेना के भय से घर द्वार छोड़कर भाग गये हैं घर पर इस समय कोई नहीं मिलेगा। केवल बूढ़े लोग दरवाजे पर पड़े हैं। मुझे यह नहीं मालूम है कि कौन-कौन आदमी इन्दारा आन्दोलन में भाग लेने गये थे। इस पर सैनिकों ने बाबू भूटेली सिंह से महुआर गाँव का रास्ता पूछे तथा महुआर के लिए चल दिये।

देशीभक्ति गीत

जहा की धरती ने दिए ऐसे वीर अभिमानी
देश के लिए जिन्होंने हार कभी ना मानी
कर दिया न्योछावर सब कुछ राष्ट्र प्रेम में
हम सबने इस अमूल्य स्वतंत्रता रक्षा की है ठानी -

-राम प्रभाव सिंह रसड़ी मऊ

प्रमुख क्रान्तिकारियों की जेल यात्रा तथा कठोर दण्ड

आप पहले पढ़ चुके हैं कि इन्दारा आन्दोलन के नायक अवध बिहारी (ग्राम-चकरा तब जिला बलिया परन्तु अब जिला मऊ में पड़ता है) ने इन्दारा आन्दोलन में जनता का नेतृत्व किया था। सन् 1942 में उनका घर पुलिस द्वारा जला दिया गया था। उनका घर ग्राम चकरा थाना हलधरपुर में पड़ता है। उनको पुलिस ने घर से गिरफ्तार कर लिया तथा बलिया जेल में डाल दिया। अवधबिहारी सिंह कांग्रेस के कर्मठ कार्यकर्ता तथा देशभक्त नौजवान थे वे फूलमाला पहनकर तथा हाथी पर चढ़कर हलधरपुर थाना पर पहुँचे।

बलिया जेल में उन्हें अन्य कैदियों की अपेक्षा एक राजनैतिक कैदी की सुविधा मिली जिसे उन्होंने लेने से इन्कार कर दिया तथा जेल अधीक्षक द्वारा बिछाने के लिए दिया गया गद्दा एवं अच्छे किस्म का बिस्तर उन्होंने अस्वीकार कर दिया। रजाई और गद्दे को उन्होंने दियासलाई से आग लगा दिया तथा आम कैदियों की तरह जेल मे रहना पसन्द किया। स्वाभिमानी स्वतंत्रता संग्राम सेनानी ने जेल के अन्दर सरकारी राजनैतिक सुविधा लेना स्वीकार नहीं किया। कई माह कठोर यातना सहने के बाद अवधबिहारी सिंह बलिया जेल से रिहा हुए। अवधबिहारी सिंह को स्वतंत्रता संग्राम सेनानी होने के नाते सरकार ने राजनैतिक पेंशन देना शुरु किया तथा उनको नैनीताल में सरकार द्वारा जमीन प्रदान की गयी। अवधबिहारी सिंह का योगदान इन्दारा के स्वतंत्रता संग्राम में हमेशा चिरस्मरणीय रहेगा।

मड़ई के जगदेव यादव को हलधरपुर की पुलिस ने बड़ा परेशान किया जगदेव यादव के घर को पुलिस ने घेर कर घर में आग लगा दिया। जगदेव घर के अन्दर से किसी तरह छलाँग लगाकर घर से बाहर निकल कर भाग गया। पुलिस हाथ मल कर रह गयी। इसी गाँव के रामधारी यादव का घर पुलिस द्वारा जला दिया गया। लखनी के श्रीराम सिंह जिनके बारे में आप आगे पढ़ चुके होंगे कि इन्दारा क्रान्ति में दौड़ते समय उनकी दाढ़ी में गोली लगी थी। गोली दाढ़ी को चीरती हुई बाहर निकल गई। वे अंग्रेजी शासन के भय से तथा पुलिस के डर से अपनी दाढ़ी की चोट की दवा गुप्तरुप से घोसी में किसी अज्ञात स्थान पर रहकर तत्कालीन सरकारी डाक्टर बाबूराम गुप्ता के यहाँ कराते थे। उस समय घोसी सरकारी अस्पताल में अपने समय के प्रसिद्ध डाक्टर बाबूराम गुप्ता थे।

जो एक देशभक्त सरकारी चिकित्सक थे। सरकारी कर्मचारी रहते हुए भी वे देशभक्त क्रान्तिकारियों को गुप्तरुप से मदद करते थे। डाक्टर गुप्ता ने श्रीराम सिंह की दाढ़ी की चोट का गुप्तरुप से दवा करना स्वीकार किया।

ब्रिटिश सरकार को यह बात कानो-कान पत चल गयी कि श्रीराम सिंह की दाढ़ी में गोली की चोट इन्दारा क्रान्ति में शामिल होने के कारण दौड़ते समय लगी है उस समय घोसी थाना के थानाध्यक्ष श्री मुनेश्वर सिंह थे। मुनेश्वर सिंह ने भी श्रीराम सिंह की बड़ी मदद की। श्रीराम सिंह को पुलिस पकड़ कर कई दिनों तक थाने में रखी रही तथा बाद में डाक्टर बाबूराम गुप्ता की रिपोर्ट पर पुलिस ने श्रीराम सिंह को छोड़ दिया। डाक्टर बाबूराम गुप्ता ने अपनी डाक्टरी रिपोर्ट में लिखा था कि श्रीराम सिंह अपने घोड़े को चना डाल रहे थे घोड़े ने पैर से मारा तो श्रीराम सिंह पास के खूंटे पर गिर पड़े और खूंटे की चोट दाढ़ी में लग गयी जिससे वे घायल हो गये। श्रीराम सिंह के ऊपर किसी भी थाने में एफ.आई.आर. दर्ज नहीं था इसलिए श्रीराम सिंह जेल जाने तथा सजा पाने से बच गये। आजादी की लड़ाई में सक्रिय रुप से भाग लेने तथा गोली खाने के बाद भी वे सरकारी सुविधा से वंचित रहे तथा स्वतंत्रता संग्राम सेनानी घोषित नहीं हो सके।

बाद में सन् 1971 की बंगला देश के युद्ध के उपरान्त भारत की प्रधान मंत्री श्रीमती इन्दिरा गांधी ने सार्वजनिक रुप से यह घोषित किया कि ''देश में बहुत ऐसे ज्ञात-अज्ञात स्वतंत्रता संग्राम सेनानी हैं जिन्होंने परोक्ष या अपरोक्ष होके आजादी की लड़ाई में योगदान दिया है उनको सरकारी सुविधा मिलनी चाहिए''। इस पर श्रीराम सिंह को सन् 1975 से मृत्युपर्यन्त तक 100/रु. मासिक सरकारी पेंशन सहायता स्वरूप मिलती थीं। अब वे हमारे बीच नहीं हैं परन्तु उस वीर पुरुष की कहानी लोगों की जुबान पर अब भी याद हैं। थाना कोपागंज की पुलिस ने इन्दारा स्टेशन के तत्कालीन स्टेशन मास्टर रामदार तथा स्टेशन के एक सफाई कर्मचारी फेकू मेहतर सहित तत्कालीन टिकट क्लेक्टर उमा शंकर सिंह के बयान के आधार पर इन्दारा गाँव के ठाकुर भोला सिंह उनके सगे भाई साधू सिंह, अछैबर सिंह, विश्वनाथ पाण्डेय तथा दूधनाथ सिंह पाँच व्यक्ति और महुआर गाँव के तीन लोग सकलदीप सिंह, जगत नारायण सिंह, शिवपूजन पाण्डेय के खिलाफ डी.आई.आर. (भारत रक्षा कानून) के अन्तर्गत एफ.आई.आर. दर्ज कर के गिरफ्तारी का वारण्ट जारी किया गया। उक्त व्यक्तियों पर थाना कोपागंज के रजिस्टर नं.-7 में एफ.आई.आर. दर्ज है।

उस समय थाना कोपागंज के थानाध्यक्ष श्यामसुन्दर राय थे। कोपागंज की पुलिस ने इन्दारा तथा महुआर के इन क्रान्तिकारियों को पकड़ने के लिए घर पर दबिश देना शुरु कर दिया। अन्ततः स्वतंत्रता संग्राम सेनानी विश्वनाथ पाण्डेय को अदरी गाँव से गिरफ्तार कर लिया गया। भोला सिंह, साधू सिंह (दोनों सगे भाई) तथा अक्षयबर सिंह और दूधनाथ सिंह को गिरफ्तार करके जेल में डाल दिया। हमारे गाँव महुआर के शिवपूजन

पाण्डेय, सकलदीप सिंह और जगतनारायण सिंह को गिरफ्तार करके इन्दारा क्रान्ति में शामिल होने के कारण पकड़ा गया और उन्हें इन्दारा ग्राम के कैदियों के साथ उन्हें भी आजमगढ़ जेल में डाल दिया गया।

इन्दारा क्रान्ति में कुल 12 व्यक्तियों पर मुकदमा चला जिनमें दो व्यक्ति थाना के एफ.आई.आर. से बरी हो गये तथा 10 व्यक्तियों पर शेषन केस चला 5 व्यक्ति साक्ष्य के अभाव में जेल से रिहा कर दिये गये महुआर के शिवपूजन पाण्डेय, जगतनारायण सिंह, सकलदीप सिंह एक-एक महीना हवालाती कैदी रहे।

5 व्यक्तियों को शेषन केस से 5 वर्ष की कड़ी कैद तथा 4 व्यक्तियों को 15 कोड़े की सजा दी गयी तथ विश्वनाथ पाण्डेय को साढ़े सत्रह वर्ष की कड़ी कैद तथा 15 कोड़े की सजा सुनाई गयी। स्वतंत्रता संग्राम सेनानी विश्वनाथ पाण्डेय, दूधनाथ सिंह और भोला सिंह ने ब्रिटिश सरकार से माफी माँगने से इन्कार कर दिया तथा 15 कोड़े की सजा भी भुगते। भारत स्वतंत्र होने पर भारत के स्वतंत्रता संग्राम सेनानियों के साथ इन्दारा स्वतंत्रता संग्राम के बहादुर स्वतंत्रता संग्राम सेनानी जेल से बाहर निकले। सरकार ने इनको स्वतंत्रता संग्राम सेनानी घोषित करके पेंशन देना प्रारम्भ किया और मृत्युपर्यन्त तक स्वतंत्रता संग्राम सेनानी पेंशन प्राप्त करते रहे। बाद में महुआर गाँव के एक-एक महीना हवालात बन्दी सकलदीप सिंह और शिवपूजन पाण्डेय ने भी किसी प्रकार अपनी स्वतंत्रता संग्राम सेनानी पेंशन स्वीकृत करा लिया और मृत्युपर्यन्त तक स्वतंत्रता संग्राम सेनानी पेंशन पाते रहें।

इन स्वतंत्रता संग्राम सेनानियों की कहानी तथा वीर गाथा का इतिहास जीवित बचे हुए इन्दारा क्रान्ति के प्रत्यक्षदर्शी अब भी बताते है। हमारे गाँव के स्वतंत्रता संग्राम सेनानी शिवपूजन पाण्डेय बताते थे कि हम लोगों के साथ आजमगढ़ जेल में स्वतंत्रता संग्राम के लिए सन् 1942 में संघर्ष करके जेल जाने वाले लोगों में पूर्व सांसद शिवराम राय, पूर्व सांसद झारखण्डेय राय, रामविलास पाण्डेय, स्व. रामसुन्दर पाण्डेय, स्व. श्यामसुन्दर मिश्र, पूर्व सांसद उमराव सिंह, पूर्व विधायक तेजबहादुर सिंह तथा घोसी के पूर्व ब्लाकप्रमुख स्वतंत्रता संग्राम सेनानी लोची सिंह बन्द थे। ऐसे स्वतंत्रता संग्राम सेनानी धन्य हैं जिनकी वीरता पर हम सभी को गर्व है। उन्हीं स्वतंत्रता संग्राम सेनानियों के कठिन परिश्रम तथा कठोर त्याग तपस्या के कारण हम सभी को स्वतंत्रता प्राप्त हुई।

इश्के-आजादी बहारे-जिस्त का सामान है।
इश्क मेरी जान आज़ादी मेरा ईमान है।।
इश्क पर कर दूं फिदा मैं अपनी सारी ज़िन्दगी।
लेकिन आज़ादी पे मेरा इश्क भी कुर्बान है।।

पं. राम प्रसाद बिस्मिल

हर व्यक्ति के अन्दर अपने गाँव तथा क्षेत्र के प्रति आदर का भाव छिपा होता है। जो वक्त आने पर दिखाई पड़ता हैं। ऐसी ही घटना ग्राम-मुहम्मदपुर (इन्दारा) के स्वंत्रतासंग्राम सेनानी दूधनाथ सिंह के साथ घटित हुई।

सेसन जज की अदालत से फैसला हो जाने के बाद आज़मगढ़ कचहरी में स्वतंत्रता संग्राम सेनानी दूधनाथ सिंह को 15 कोड़े लगने थे। उनके पिता स्व. सरयू सिंह कचहरी के बाहर बैठकर रो रहे थे। मझवारा गाँव का रहने वाला एक डोम जा आजमगढ़ कचहरी में जल्लाद के पद पर तैनात था। दण्ड पाये हुए स्वतंत्रता संग्राम सेनानियों तथा अन्य कैदियों को कोड़े लगाने का काम करता था उस जल्लाद डोम ने सरयू सिंह को रोते हुए देख लिया तथा उनसे पूछा कि ''बाबू साहब काहे रोवत हऊव?'' हस पर सरयू सिंह ने कहा कि ''मेरे लड़के दूधनाथ सिंह जो इन्दारा स्वतंत्रता संग्राम में जेल में बन्द है (सरयू सिंह स्वतंत्रता संग्राम सेनानी दूधनाथ सिंह के पिता थे) आज मजिस्ट्रेट के सामने उनको सेसन जज के निर्णय के अनुसार 15 कोड़े लगने हैं। मेरा एक ही एकलौता पुत्र है इतना कह कर सरयू सिंह रोने लगे उनकी बात सुनकर जल्लाद ने कहा ''बाबू साहब काहे खातिर रोवत हऊव तूं मत रोव हमही कैदियन के कोड़वा लगाईलां जाके दूधनाथ बाबू से कहिद कि ''मजिस्ट्रेट की सामने कोड़वा जोर-जोर से मारब लेकिन दूधनाथ बाबू की देहियां पर कोड़वा क चोट न लागे देइब तू बाबू साहब दूधनाथ बाबू से मिलके कहि दिह कि हम चोंट हलके से मारब तबोऊ जोर-जोर से ''भारत माता की जय'' तथा ''महात्मा गांधी की जय'' का नारा लगईहें''।

सरयू सिंह अपने पुत्र दूधनाथ सिंह से जल्लाद की कही हुई बात को कह दिये और ऐसा ही हुआ। जल्लाद मजिस्ट्रेट के सामने को कोड़ा जोर-जोर से मारता था लेकिन कैदी दूधनाथ सिंह के ऊपर चोट लगाते वक्त कोड़ा हलका कर देता था। मजिस्ट्रेट इस बात को नहीं समझ सका। कोड़े की चोट खाकर दूधनाथ सिंह ''भारत माता की जय'' तथा ''महात्मा गांधी की जय'' का नारा लगाते रहे।

वह मझवारा से आजमगढ़ जाने के लिए इन्दारा स्टेशन पर ट्रेन पकड़ने के लिए सरयू सिंह के दरवाजे से होकर जाता था। इन्दारा स्टेशन और मझवारा के बीच ग्राम-मुहम्मदपुर पड़ता है जहाँ के रहेने वाले दूधनाथ सिंह और सरयू सिंह थे उनके दरवाजे से होकर ही इन्दारा मझवारा का पकडन्डी रास्ता मुहम्मदपुर गाँव से होता हुआ इन्दारा स्टेशन को जाता था। उस समय सरयू सिंह के दरवाजे से ही होकर वह जल्लाद अक्सर आजमगढ़ से आता तथा अपने घर मझवारा को जाता था। उस डोम जल्लाद को सरयू सिंह या उनके पुत्र स्वतन्त्रता संग्राम सेनानी स्व. दूधनाथ सिंह इन्दारा से मझवारा आते जाते समय अपने दरवाजे पर अक्सर पानी पीला देते थे तथा कभी-कभी उस जल्लाद को भोजन भी करा देते थे उन्हें यह नहीं मालूम था कि यह डोम आजमगढ़ कचहरी में जल्लाद के पद पर तैनात रहकर कोड़ा लगाने का काम करता है।

उस स्वामीभक्त देशभक्त ने किये हुए एहसान का बदला समय आने पर चुकाया तथा अपने क्षेत्रीय जनता के साथ प्रेममय उपकार दर्शाया इसलिए कहा गया है कि किया गया उपकार कभी व्यर्थ नहीं जाता है इसी लिए हर व्यक्ति को परोपकार करना चाहिए। ऐसी अनेकों घटनाएं आजादी की लड़ाई में घटी। जिनके अतीत का इतिहास दबा पड़ा है। ऐसे देशभक्त जल्लाद भी धन्य हैं। जिन्होंने अपने अन्दर छिपी हुई देश भक्ति के माध्यम से स्वतन्त्रता संग्राम सेनानियों की रक्षा की।

मऊ-एक सांस्कृतिक, राजनैतिक और आर्थिक धरोहर

किसी भी देश, राज्य, जिले या स्थान के विकास का मापदंड केवल बहुमंजिल इमारते नहीं होती अपितु वहाँ की कला, संस्कृति, सौहार्द व् साहित्य से होती है। मऊ हमेशा से लोक कलाओ, लोक संस्कृति, कारीगिरी, कृषि के क्षेत्र में उन्नत रहा है व् विभिन्न मतों, धर्मो के लोगो में सौहार्द भी है। हमे अपने लोक कलाओ, संस्कृति, विभिन्न पूजा पद्धति, पौराणिक धरोहर आदि को सदैव संरक्षित करके आगे की पीढ़ियों को स्थान्तरित करना चाहिए। साथ ही अपने देश की स्वतंत्रता संग्राम की गाथाओ से भी अवगत करना चाहिए जिससे हम सभी अपने गौरवशाली अतीत पर गर्व करे, अपने शहीद क्रन्तिकारी पूर्वजो को याद करे और उनके देश प्रेम से सदैव प्रेरणा ले।

साहित्य, राजनीती, कला, खेल, लोक संगीत, लोक प्रशासन, व्यवसाय आदि विधाओं में यहाँ के लोग लगातार अपनी दक्षता से राष्ट्र निर्माण में अपनी सहभागिता दर्ज करा रहे है।

मऊ नाथ भंजन का भौगोलिक, राजनितिक, आर्थिक, सामाजिक इतिहास तो इस पुस्तक के प्रारम्भ में वर्णित है लेकिन अनेको कारणवश यह जिला अपने गौरव के पुनर्स्थापना की राह देख रहा है।

महर्षि वाल्मीकि, ऋषि गौतम, देवल ऋषि, भरद्वाज मुनि की तपोस्थली, माँ जानकी का आश्रम निवास स्थल आज स्वयं एक उचित पहचान की तलाश में है।

यहाँ तमसा का तट अत्यंत उपेक्षित स्थिति में है। अपितु यह जिला 19 नवम्बर 1988 को एक नए जिले के रूप में उदित हुआ। एक गौरवशैली व् समृद्ध इतिहास को समेटे हुए यह जिला हमेशा आर्थिक रूप से सशक्त रहा। कभी कपास का बड़ा निर्यातक, विश्व प्रसिद्द साड़ियों का निर्माणकर्ता, उच्च स्तर की कृषि व्यवस्था इस जिले की आर्थिक सुदृढ़ता को दर्शाती है।

जियाउद्दीन बरनी की पुस्तक में भी मऊ का वर्णन है, इसमें लिखा है की अकबर जब इलाहाबाद की तरह रुख किया तो वह मऊ के रिश्ते ही गया। इस दौरान बहुत से कलाकार, मूर्तिकार, हस्तकला के कलाकार जो मूलतः ईरान, अफगानिस्तान के रहने वाले थे वो मऊ में ही पूर्ण रूप से बस गए। अनेक व्यवधानों के बाद भी कढ़ाई, बुनकरी,

विश्व प्रसिद्द साड़ी इस बात का प्रमाण है की यहाँ आज भी वह कला पोषित व संरक्षित है।

धार्मिक पुस्तकों में वर्णित अरण्य वन का यह क्षेत्र माँ सीता का वाल्मीकि आश्रम में निवास स्थान भी था। यही लव कुश जी का पालन पोषण हुआ जिनके नाम पर इसके एक गाँव का नाम कुश्मौर भी है।

मानस में भी वर्णित है—

दो-बालक बृद्ध बिहाइ गृहँ लगे लोग सब साथ।
तमसा तीर निवासु किय प्रथम दिवस रघुनाथ।।

भगवान राम वनगमन के बाद पहला निवास यही तमसा तट पर किये, वाल्मीकि रामायण में यह वर्णित है की कई दिनों तक आयोध्या के लोग प्रभु के पीछे आते रहे। अतः यह तमसा का तट अवश्य मऊ - आजमगढ़ के मध्य रहा होगा। अतः इस नदी की जो वर्तमान स्थिति है उसके पुनर्जीवन व् सुंदरीकरण के लिए अवश्य एक बड़े सकारात्मक कदम की आवश्यकता है।

स्वाधीनता संग्राम में भी इस जिले का बड़ा योगदान रहा, 1939 में यहाँ गाँधी जी का भी आगमन हुआ था। 1857 की प्रथम क्रांति के दौरान भी कुंवर सिंह ने मऊ के दुबारी में ही रहकर कई दिनों तक आयोध्या के लोग प्रभु के पीछे आते रहे। अतः यह तमसा का तट अवश्य मऊ - आजमगढ़ के मध्य रहा होगा। अतः इस नदी की जो वर्तमान स्थिति है उसके पुनर्जीवन व् सुंदरीकरण के लिए अवश्य एक बड़े सकारात्मक कदम की आवश्यकता है।

स्वाधीनता संग्राम में भी इस जिले का बड़ा योगदान रहा, 1939 में यहाँ गाँधी जी का भी आगमन हुआ था। 1857 की प्रथम क्रांति के दौरान भी कुंवर सिंह ने मऊ के दुबारी में ही रहकर रणनिति बनाई और मऊ के अनेक वीर शहीदों ने देश की स्वतंत्रता के ज्वलंत सपने हेतु अपने जान की कुरबानी दी। यहाँ ऐसी भी घटनाएँ हुई है की रामलीला के माध्यम से ही स्वतंत्रता संग्राम की रणनीति बनाई जाती है।

देश की स्वतंत्रता संग्राम में यहाँ अनेक जाने अनजाने व्यक्तित्वों की गौरव गाथाये आज भी लोगो से सुनी जा सकती है। यह शौर्य किसी अत्यंत पवित्र धरा में ही उत्पन्न हो सकती है। यहाँ अंग्रेजी शाशन के विरोध में अनेक घटनाएं यहाँ की जनता के राष्ट्र प्रेम के द्योतक है।

आशा है की उत्तर प्रदेश सरकार, अयोध्या शोध संस्थान द्वारा प्रकाशित यह पुस्तक आने वाली पीढ़ी के लिए प्रेरणा का स्रोत होगी।

मऊ के नहीं अपितु देश के लोग इस धरा पर गर्व करेंगे। इससे देश के प्रति राष्ट्र भक्ति की भावना विकसित होगी।

चित्रावली

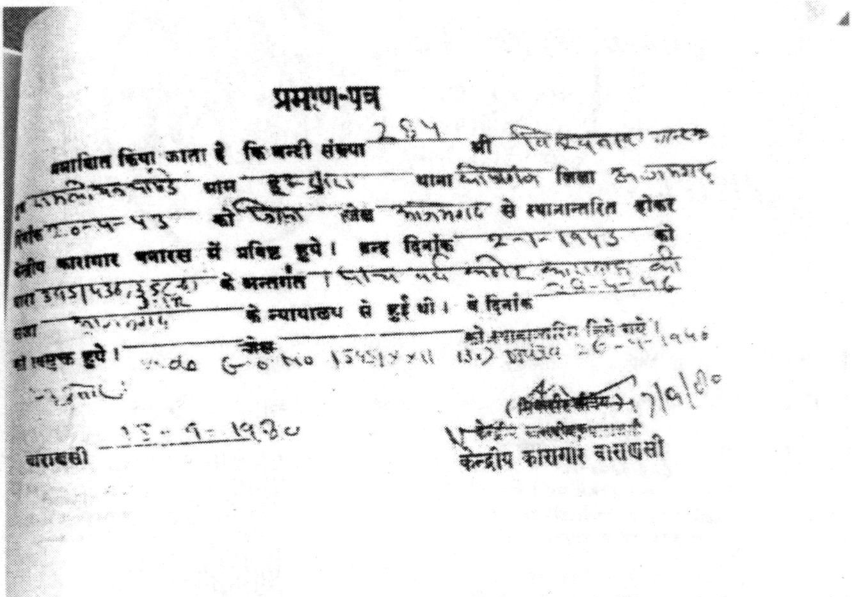

प्रमाण-पत्र

प्रमाणित किया जाता है कि बन्दी संख्या 284 श्री [illegible] पुत्र [illegible] ग्राम [illegible] थाना [illegible] जिला आजमगढ़ दिनांक [illegible] को जिला जेल आजमगढ़ से स्थानान्तरित होकर केन्द्रीय कारागार बनारस में प्रविष्ट हुये। इन्हें दिनांक 2-1-1943 को धारा [illegible] के अन्तर्गत [illegible] 29-5-46 की सजा [illegible] के न्यायालय से हुई थी। वे दिनांक [illegible] को स्थानान्तरित किये गये। [illegible] को मुक्त हुये। [illegible] 20-5-1946

[illegible]

वाराणसी 13-9-1980

(हस्ताक्षर) 17/9/80
केन्द्रीय कारागार वाराणसी

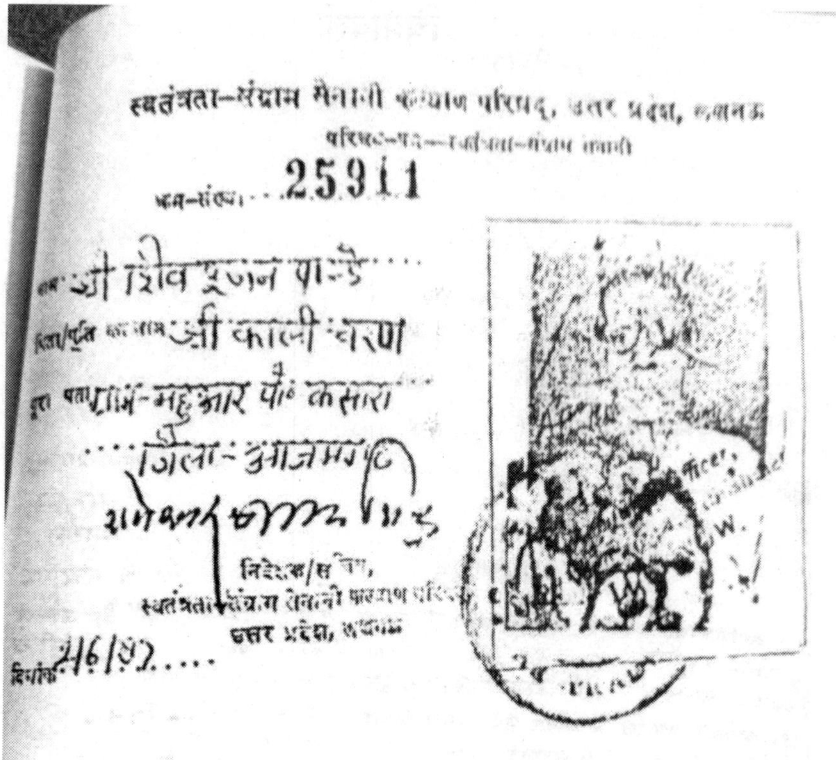
स्वतंत्रता-संग्राम सेनानी कल्याण परिषद्, उत्तर प्रदेश, लखनऊ

क्रम-संख्या 25911

नाम श्री शिव पूजन पाण्डे

पिता/पति का नाम श्री काली चरण

पूरा पता ग्राम-महुआर पो० कसारा

जिला-आजमगढ़

निदेशक/सचिव,
स्वतंत्रता संग्राम सेनानी कल्याण परिषद्,
उत्तर प्रदेश, लखनऊ

दिनांक 2/6/92

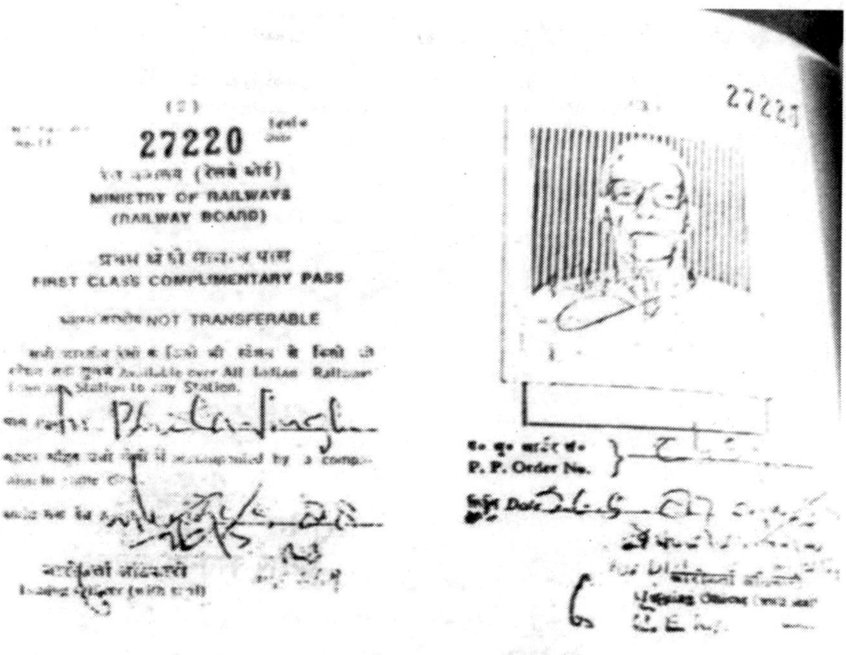
27220

रेल मंत्रालय (रेलवे बोर्ड)

MINISTRY OF RAILWAYS
(RAILWAY BOARD)

FIRST CLASS COMPLIMENTARY PASS

NOT TRANSFERABLE

Available over All Indian Railways from any Station to any Station.

27221

P. F. Order No.

Date

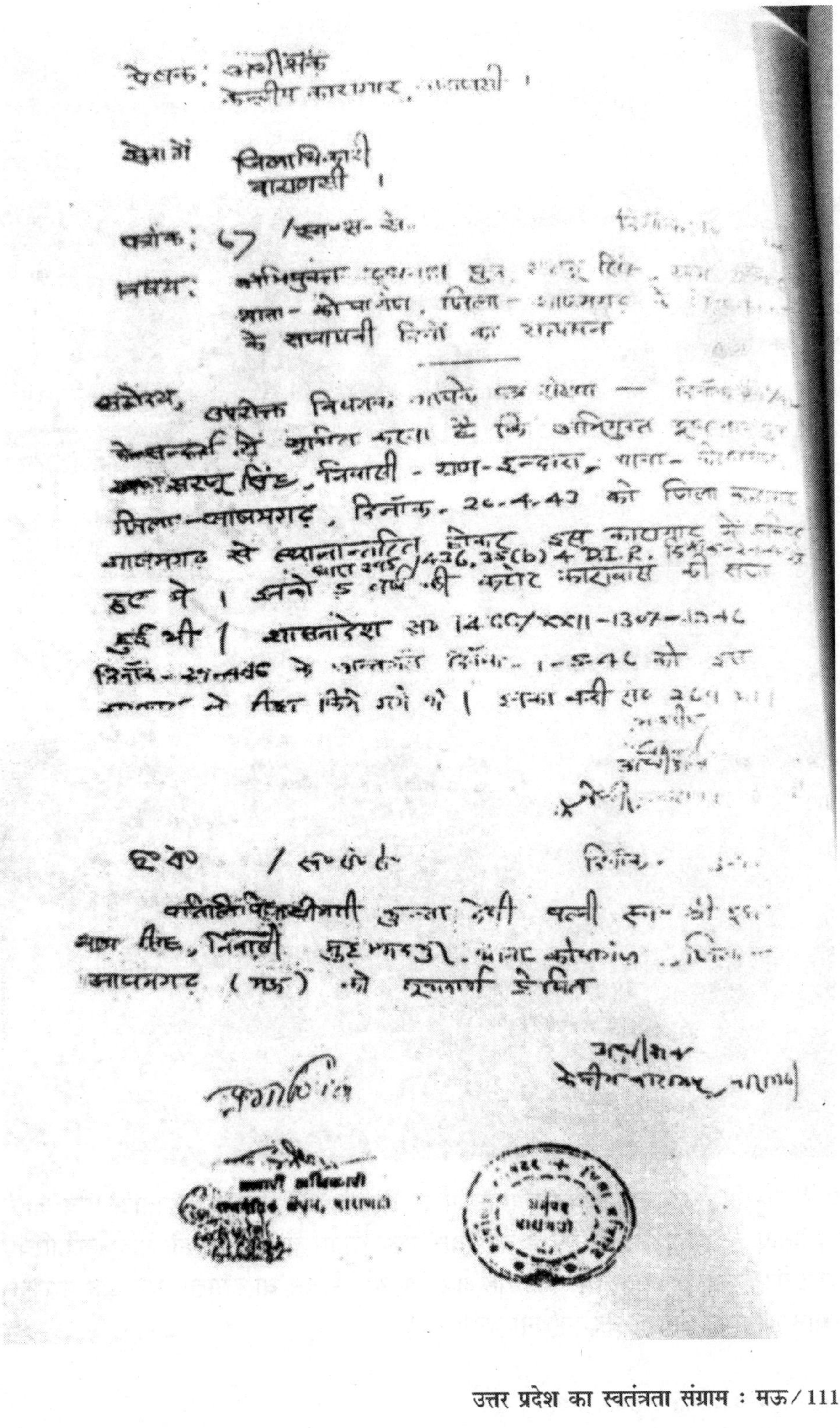

प्रेषक: अधीक्षक
केन्द्रीय कारागार, वाराणसी।

सेवा में
जिलाधिकारी
वाराणसी।

पत्रांक: 67 /

विषय: अभियुक्त ... पुत्र सरजू सिंह, ग्राम ... थाना- कोपागंज, जिला- आजमगढ़ के ... के सम्बन्धी विवरण का ...

महोदय, उपरोक्त विषयक ... अवगत कराना है कि अभियुक्त ... पुत्र सरजू सिंह, निवासी - ग्राम- इन्दारा, थाना- कोपागंज, जिला-आजमगढ़, दिनांक- 20-4-43 को जिला कारागार आजमगढ़ से स्थानान्तरित होकर इस कारागार में ... हुए थे। धारा 395/436, 35(b) 4 D.I.R. ... इनको 5 वर्ष की कठोर कारावास की सजा हुई थी। शासनादेश सं. ... दिनांक ... के अन्तर्गत दिनांक ... को इस कारागार से रिहा किये गये थे। ...

अधीक्षक

पृ॰ सं॰ / ... दिनांक ...

प्रतिलिपि श्रीमती ... देवी पत्नी स्व॰ श्री ... सिंह, निवासी ... थाना कोपागंज, जिला- आजमगढ़ (मऊ) को सूचनार्थ प्रेषित।

अधीक्षक
केन्द्रीय कारागार, वाराणसी

घोसी तहसील के रसड़ी स्थित हनुमान मंदिर जिसके बारें में ढेरो मान्यताओं एवं जान मान्यताएँ है, लोगो का मानना है की स्वाधीनता संग्राम के समय यहाँ आंदोलनकारियों द्वारा बैठक भी की जाती थी चुकी यह क्षेत्र पूर्ण रूप से वन था इसलिए यह एक सुरक्षित स्थान था जहा अंग्रेजो का पहुँचना दुर्गम था।

मऊ के तमसा नदी का दृश्य

दोहरीघाट स्थित मुक्ति धाम व् घोसी स्थित पकड़ी ताल

कोठिया ग्राम स्थित कोठिया धाम व् मऊ का वनदेवी धाम (माँ सीता मंदिर)

प्रतापगढ़ के अजगरा का प्राचीन महत्त्व है। कहा जाता है कि यहाँ कुपित होकर ऋषियों ने राजा नहुष को अजगर हो जाने का श्राप दिया था। तभी से इसका नाम अजगरा पड़ा। 1997 में यहाँ लगने वाले मेले ने महोत्सव का स्वरूप लिया। राजा नहुष की कोट घोसी, मऊ में स्थित है

मऊ के देवलास स्थित सूर्य मंदिर, देश में कुल दो सूर्य मंदिर है जिनमे एक कोणार्क और एक मधेरा, गुजरात में स्थित है। मऊ का सूर्य मंदिर भगवन राम द्वारा है ऐसी मान्यताएँ है

मऊ कस्थत हैंडलूम क़ी फोटो। मऊ की साड़ी को जीआई टैग प्राप्त है विश्व प्रसिद्ध है, यह प्रदेश के ओ डी ओ पी के अंतगचत भी लिया गया है।

शहीद स्थल, कठघरा मधुबन

मऊ रेलवे स्टेशन